つなぐ 女性の中学校長から

北九州市で坂道の先へ

品川洋子
Hiroko Shinagawa

中央公論事業出版

序

福岡教育大学　学校教育研究ユニット
教授　飯田史也

福岡教育大学で内外教育交流史を研究の専門とする私が、品川洋子先生と初めてお会いしたのは今から二十七年ほど前のことである。品川先生は北九州市の中学校長を退職後、本学の教職必修科目の講師をされていた。以後、その謦咳に接し、事あるごとにご指導を仰いで来た。

二〇一九年、福岡教育大学創立七十周年記念行事の式典で、大学一期卒業生として出席されていた品川先生にお会いし、記念誌に大学沿革図の作成を担当したとお話しした。

卒寿を迎えられた品川先生が、前著『ひらく』に続いて『つなぐ　女性の中学校長から』を出版されることになった。本著の記述は、教育制度の歴史と教育実践の歴史を往還する。教育制度の縦糸に品川先生ご自身の教育実践、品川先生が育てて来られた人々が横糸として紡がれていく。

これら縦糸と横糸とが機織られて最後に描かれる図柄は、品川先生の強い思い、つまり、日本の女性教師が思いきり活躍できる社会への思いである。そしてこの図柄こそが、男女共学の新制大学第一期生として、また女性学校管理職として、中学校という思春期入口の生徒たちに目を向けつつ、時代を切り拓いて来られた品川先生ご自身の教育思想の歴史と言えよう。

品川先生のこれまでの著書、そして本著を通して、先生が「ひら」かれた道が真の女性活躍社会を目指す全ての人々に、着実に「つな」がっていくことを強く願っている。

この書物の本義

全国学校図書館協議会
学校図書館スーパーバイザー　加留部　謹　一

本書は、着実な経験科学に基づいた品川洋子先生の中学校長としての師魂道たる個体史です。

書物の構成は、「見はるかす　坂道の先へ」から「先駆けの道　かなたの空」へと中学校教育の夢を紡ぎ、それを支える文化意識の高いエッセイ表現から成り立っています。

品川先生がこの書物に込めた歴史的、社会的本義は何かをまとめると、次の五点になります。

一　管理職としての校長の力量が学校を経営体、共同体として熱働させ、「教えと学び」の実践研究を中心に教育目標の善働的、愛働的実現を図っていること。

二　観念やことばの先行でなく、学校教育の目的性、内容性、方法性に立脚した学校運営に当たり、固定観念を「ひらき」、それを歴史にのせて「つなぐ」希望を紡ぎ出していること。

三　女性の先人教育者津田梅子に思いを寄せ、ジェンダー平等の社会へ、北九州市と全国の校長任用の状況を踏まえ、自らの体験から中学校への女性校長の増加を説いていること。

四　義務教育最後の中学校は社会の縮図であり、男女平等の社会構造の基底である。校長は勿論、生徒会や学習活動の中で組織体としての男女平等があるべき未来を創出すること。

五　学校では教育論文を書く実践を。それを支える哲学や文学等の幅の広い教養と創造的な実践力があって、学校経営の光が差し、生徒一人一人のよさが花開くこと。

書物は出版されると、筆者を離れて独り歩きをしていきます。筆者の一回性、有限性のいのちを超えて生きていきます。

品川先生は、日本の戦中、戦後の学校教育を体得し、その総和を前進させながら、中学校教育に身を置き、情熱と気迫をもって学校経営が生き生きと脈うつ実践を重ねてこられました。

現在、教育界で管理職を務めている人をはじめ、課題の多い中学校教育に携わる人や教育に関心のある人は、この書物のタイトルに目を引かれ、目次の言葉に誘われ、内容に魅了されて、内面開発の高揚した感動に包まれるに違いありません。

理論なき実践に行き先茫茫、実践なき理論は空虚な観念を心得られた品川先生の、学校教育を「ひらく」、ひらいたものを「つなぐ」師道と生徒一人一人のよさを見つけ、認め、褒め、伸ばしていく揺るがぬ師魂は、時代の変化の批判に耐える真実義に満ちています。

先生自らがレベルの高い確かな実践のための読書、それに基づいた実践と論文執筆、それを学校経営に根づかせ、それが教師の基本的態度だという学校風土を形成されてこられました。

これこそ、聖域といわれた教職を復権し、学校を聖域とすべき最も根本的要因のように思います。

この書物は、エントロピーが拡大する教育界で学校の本来性へ秩序づける珠玉の師魂の書です。

はじめに――雪の朝

令和の年代になり、九州にしては珍しい大雪の朝である。一月九日、降り止んで庭の木々も石も、こんもり白く盛り上がり、道行く人の足跡もまた白い。音もなく、すべてが純白に静止している。私は見入っているうち、小学校国語「雪の山」の枕草子「香爐峰の雪」を思い出し、十歳のころの懐かしい思いに浸った。

ふと、このような時、何かを書くものではないかと思いついた。「そうだ、書こう」という思いが湧いてきた。

私はこれまで著書五冊で自分のしてきたことを書いてきた。卒寿を迎え、さらに人に語り、伝えたいことを書き、思いをつなぎたいと思う。

折しも、かつて同一校に勤務した二人の方が、これに強く賛意、熱意を寄せてくれた。

今日、「学校」はもとより「社会」は、一人一人の生き方を問い、世界が変化しようとしている。だからこそ、義務教育最後の学校である「中学校教育」の意義は大きい。

「中学校にこそ、女性の校長を」という主張が、未だ少数である女性学校管理職へのエールとなり、ジェンダー平等の社会、多様な価値観を共に生きる未来を作る鍵のひとつになることを願っている。

つなぐ　女性の中学校長から

●目　次

Ⅱ編　先駆けの道　かなたの空

本扉写真　二〇〇二（平成十四）年
九州女子大学教授再雇用延長
七十歳定年退職の日 正門近くで

つなぐ　女性の中学校長から

北九州で坂道の先へ

Ⅰ編　見はるかす　坂道の先へ

中学校の女性管理職は

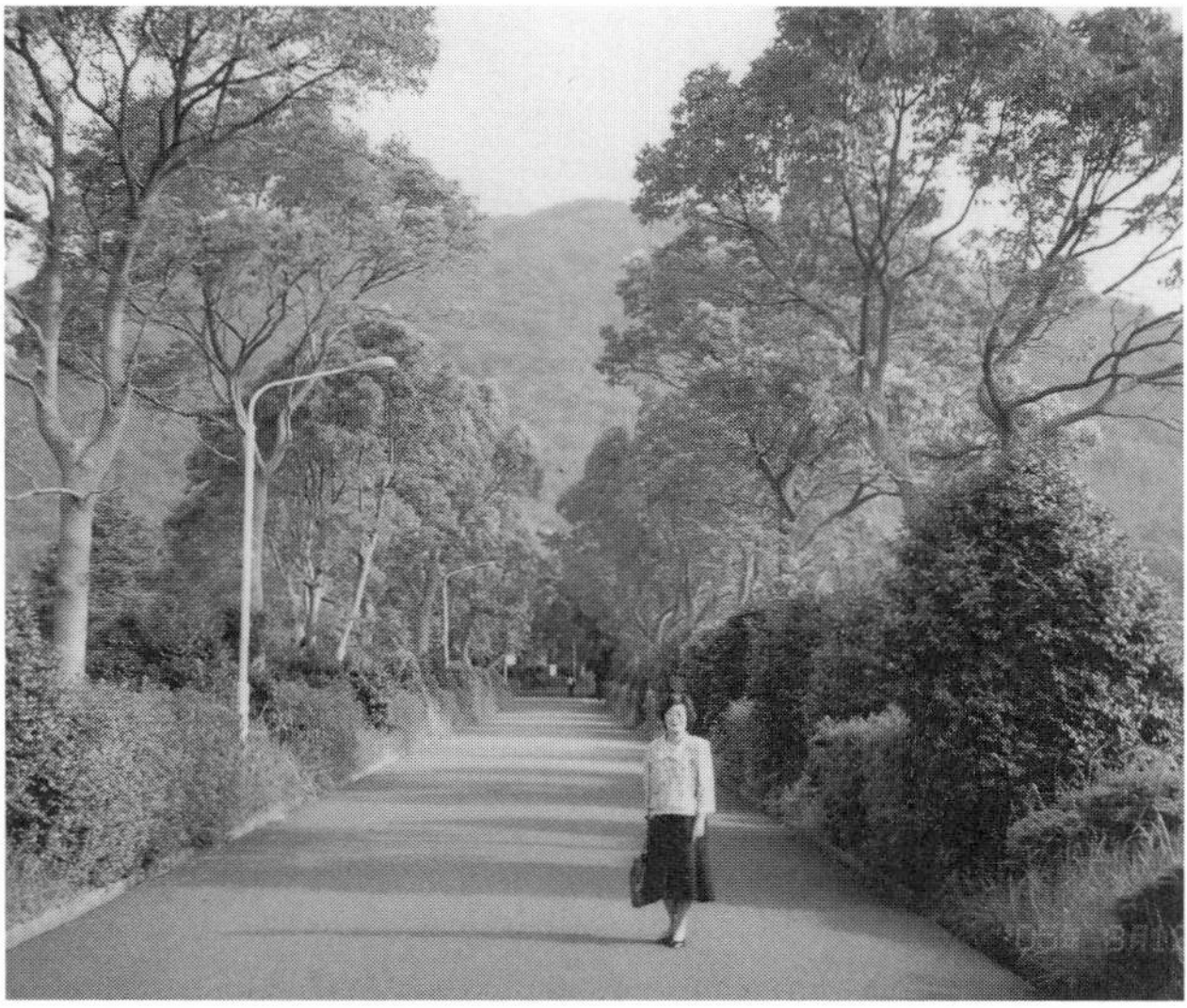

定年退職後　福岡教育大学の坂道にて
学生への必修科目と現職教諭講習の講師として

一　津田梅子船出から百五十年

津田梅子船出からの七十五年

平成から令和になる時、新紙幣の新しい肖像三種が発表された。明治以降の文化人で、国民に広く知られ、世界に誇れる人として、津田梅子が五千円札の肖像になることになった。その紙幣の裏は藤の花とのことで、紫式部を連想する。この度の肖像三種は共に国際性、文化性が豊かである。新紙幣の流通は二〇二四（令和六）年からである。

津田梅子が日本初の女子留学生として太平洋を渡ったのは、一八七一（明治四）年十二月である。岩倉具視、大久保利通等の欧米視察団に女子留学生が加えられた。その五人の中の一人である。年齢は満六歳であった。その小さな肩に、やがて大きなものを担うのである。

津田梅子は二度の留学と欧米視察を経て、女性の高等教育と女性の自立の必要性に尽力した。一九〇〇（明治三十三）年に、日本で最も早く最初の女性の高等教育機関の一つである女子英学塾を創立した。津田塾大学の前身である。津田梅子はアメリカへの船出の年をふり返り、「それは女性の解放と自立が始まった年である」と言っている。アメリカへの留学を通して広い海を見、男性と協同して対等に力を発揮できる女性、社会的、国際的に活動できる女性の育成に努めた。女性の高等教育の必要性、重要性を強く認識し、日本の女性の自立のために大きく貢献した生涯であった。

津田梅子の船出から現在は、ほぼ百五十年になる。これを教育制度の面から見れば、一九四五（昭和二十）年の戦争終結を境に大きく転換した時代と言える。

百五十年の前半七十五年は、近代化を進める歴史の中で、男性優位の教育制度であった。高等教育機関である大学は、官民ともに男性のものであった。女性の高等女学校ができても、中等教育段階のものであった。その中で津田梅子は女性の高等教育に鋭意取り組んだ。

百五十年の後半七十五年は、戦後で参政権や基本的人権、特に男女同権が一気に進んだ時期である。抜本的な教育改革で六・三・三・四制になり、男女平等の教育が行われることになった。特に大学は、これまでの男性中心の教育体系から大きく変わり、女性が大学に入り、男女共学になることになった。

新学制開始からの七十五年

私の旧制高等女学校四年間は、前半二年が戦中で旧教育制度の中にあり、後半二年が戦後で新教育制度に移行する時期であった。津田梅子の船出から七十五年の日本の歴史の中で、私はその最後の時期にそこにいて、また、戦後の教育改革による新しい七十五年の最初に、そこにいたことになる。

その転換の時期に、私は戦時疎開により東京を離れ、父母の郷里福岡県に来た。戦後の経済混乱は大きく、女学校卒業後の進路は閉ざされたかと思われた。ところが、戦後に新教育制度が始まり、新制の大学ができた。これにより、初めて女性に大学の門が開かれ、男女共学の大学一期生になることができた。

そして「これが女性としてスタート」、「これが女性として初めて」ということに出会い、私はむしろ喜んでその期待に応えようとした。

この新学制への転換こそが私の教職人生の扉を大きく開き、ひたすら進む中で多くの役割を戴き、九十歳の幸せを贈られることになった。

女性の学校管理職の会で「岬に立つ」

元号が平成から令和に変わる年、私は「岬に立つ」をタイトルとして、北九州市の女性の学校管理職の人たちに講話をした。

この会は、現職の北九州市公立小・中・特別支援学校女性管理職（校長、教頭等）の会と、その退職者の会との合同会である。

私は新学制の大学一期生で「初めて」経験することが多かった。中学校教諭から教頭、校長等学校管理職に就いたころは、女性は極めて少数で、「初めて」の坂道を行くようなものであった。現職管理職として二十二年間、その退職者として今日で三十年、微力ながら関わり続けている。その間、社会の変動と共に、女性の地位や活動も大きく進展している。大切なものを重ねつつ、新たなものを目指して次世代につなぎたいと思う。

学校管理職は岬に立っている

「岬に立つ」の講話の始めは津田梅子である。

そのころ、NHK「百分de名著」で古代ローマ帝国七賢帝の一人、アウレリウスが取り上げられていた。講話のタイトルを「岬」としたのは、アウレリウスの自省録の「岬」である。もともと学校の経営、管理の職にある人は、岬に立っているのだと私は思っている。岬は、陸地の突端にある。「立つ」と視野広く見ることができる。そこで、波が激しくぶつかっても凜として立ち、前を向いて力を尽くしていくという話をした。

津田梅子は女子英学塾の創始者で、教えることのすさまじい熱意と共に、新しく「拓いて」いく優れた学校設立、経営者であった。まさに「岬に立つ」である。そのことは、ここに集う学校管理者と同じ線上にいると、考えてよいのではないかと思う。

津田梅子は自覚と誇りと実行力を持つ女子教育の偉大な先達で、遥かな遠い線上にいる。津田梅子の学校は、数少ない女性の高等教育の学校で、今日の小・中・高校とは相当の違いがあるが、女性の教育者という点では同じだと考えたいと思う。

「女性の学校管理職を多く」

津田梅子の船出から現在はほぼ百五十年である。その折り返しの七十五年を経て、次の七十五年、その先が始まっている。女性の権利、地位など基本の法や制度は整っているので、どれだけ内容、実態を充実させるかということになる。そこで学校の総数に対して女性の学校管理職が少な過ぎるので、増加させるという課題がある。

私は、「女性の学校管理職をもっと多く」という意味を改めて考えてみようと問いかけた。

- 女性の学校管理職は、女性教師の総数からの比率、また、学校の総数からの比率、そのどちらから見ても比率は低い。「もっと多く」あるべきである。

・現実社会に、男女平等を根底から根付かせるため、女性リーダーのロールモデルの存在が必要だということになる。
・このことは、真の男女共同参画社会の実現を推進させるために重要な課題である。

（詳細は、本書のⅡ編、特に「【資料】全国及び北九州市の学校における教員・管理職等の男女の割合について」に記す。）

なお、国立女性教育会館は、令和の年代に入ってすぐ『学校における女性の管理職登用の促進に向けて』を出している。二〇二二（令和四）年に「そのⅡ」で、現状と課題、登用促進のための取組みのヒントを記している。

ここに集う学校管理職は義務教育に携わる。小学生にとって最初の学校であり、中学生にとっては社会へスタートする学校である。そこで真の男女共同参画社会の素地を作る必要がある。それは多様化社会を共に生きる存在感覚を醸成する根幹となると考える。そして、成熟社会の土台としてこれを未来へとつなぎたい。

二　新学制の新しい女性の教師

東京都から疎開し北九州市へ

津田梅子船出から七十五年のころ、私は旧学制と新学制の境にいた。旧学制の女学校から新学制の大学に入り、一期生として「初めて」「ひらく」の教職人生が始まることになった。新しい教育制度が開け、新鮮な思いで新しく開かれた道を元気よく進んで行った。これまでとは異なる新しい風の中で。

まず、この教職人生を選んだ一人の女性教師としてその道筋を略記する。

昭和の始め、小学生の私は東京で、校庭の銀杏が散ると落ち葉を拾って押し葉にし、友だちと「東京市歌」（高田耕甫作詞、山田耕筰作曲）を歌っていた。「むらさき匂ひし武蔵の野邊に日本の文化の花咲き亂れ」（当時の一般的な表記）である。「紫」は東京の枕詞のように親しい色であった。三番の「大東京こそ我が住むところ」は、ひときわ大きな声で歌い、弾むような日々を送っていた。

家は東京の王子（現東京都北区王子）で、会社員の父と母の三女として生まれた。一九三一（昭和六）年九月十八日、満州事変勃発の日である。これが戦いの導火線であるとも知らず、年中春風が漂っているような家庭で、それがいつまでも続くと思っていた。王子は渋沢栄一の王子製紙により洋紙関連の企業が多く、活気のある街である。近くに桜の名所飛鳥山があり、戦後、紙の博物館、渋沢史料館などができている。父の会社は東京アニリン染料製造で、「バイオレット（紫色）」を製造していた。

小学校は二千人余の大規模校で、心酔する教師のもとで日々夢中で楽しんでいた。その中で、後まで続く日記を書き始め、後に生涯の大きな宝になった。

旧学制から新学制へ

そのうち戦争がいよいよ激化し、終戦少し前に父母の郷里、福岡県に戦時疎開を余儀なくされた。そこで戦後の経済困窮により、進路が開けないと思われた。それでも私は旧制女学校卒業なので、旧制女子専門学校へ進学する道があった。ところが、ちょうどその時、学制改革が始まり、新学制へ入ることを選択することができた。そこで一九四九（昭和二十四）年、新制の国立大学が発足し、福岡学芸（現福岡教育）大学の中学校教育課程社会科に入学した。一期生であり、初の男女共学生であった。

当時、戦後のため大学進学を選ぶことは極めて困難で、特に女性の四年制大学への進学者は少なかった。この大学の一期生は卒業時、女子学生は僅か十五人（六・五パーセント）という少数であった。

一九五二（昭和二十七）年にサンフランシスコ平和条約発効により、日本は独立し、私も二十歳の成人になった。

北九州市の中学校教諭に

一九五三（昭和二十八）年に大学を卒業すると、すぐ小倉《こくら》（現北九州）市立思永《しえい》中学校の教職に就いた。豊前小笠原藩の藩校思永館ゆかりの校名で、校歌は「紫ふかき暁の」で始まる。歌い出しが高く躍動感があり、格調高い。この校歌の学校で十四年間、中学校教諭の仕事に熱中していた。その後、一校三年間で教諭は計十七年間である。

私は日々新鮮で、教科担当と学級担任に夢中で、さらに学校経営の基本まで、将来の力の源泉を戴いた。後年、私はこれを「黄金の鍵」と呼んで感謝している。

中学校長等学校管理職に就く

一九七〇（昭和四十五）年に、新学制の大学一期生の女性として、初めて三十八歳で北九州市の学校管理職（教頭、校長及びその相当職）に就いた。教頭職十年の後、一九八〇（昭和五十五）年に校長職に就き、十二年間勤め、学校管理職は計二十二年間になる。菊陵《きくりょう》中学校長の時は、先の思永中学校と紫川を挟む校区の中学校で、また「紫」に縁があった。

当時、女性の校長は極めて少数で、特に中学校長はさらに少数であった。しかし、大学一期生で最初の男女共学卒業の自覚と誇りを持って、特別に「女性」を意識することなく、専念することにした。

退職後に大学講師と大学院

一九九二（平成四）年に中学校長を定年退職した。すぐ母校福岡教育大学から「必修科目の道徳教育の研究と生徒指導の講師に」と委嘱された。私は理論と実践の蓄積を持つ者として、意義あることと考えて講師を続けた。

先ごろ出された文部科学省の方針によれば、教員養成の大学に教授、准教授として、学校現場を知る小中高校長経験者を一定割合以上、配置するという方向があるとのことである。

それによると、私は講師としてではあったが、すでにずっと前から理論と実践が伴う者として、教職必修科目を担当していたのであった。

この必修科目の他に、選択科目として学生に司書教諭科目を担当し、さらに現職教諭へも司書教諭科目の講習を委嘱され、担当した。

そこで、教育大学では必修科目と選択科目で十六年間、さらに現職教諭への講習講師を二〇一四（平成二十六）年、八十一歳まで続けた。

また、九州女子大学に講師、教授として合わせて十二年間、さらに西南学院大学の講師もつとめた。

その傍ら、福岡市の大学に大学院博士課程が新しく設置されると、すぐ院生として入ることにした。九州産業大学での国際文化研究科修士論文は女性学校管理職の研究で、主に政令指定都市の比較検討をおこなった。その研究成果は、その後、北九州市で『北九州市女性の一〇〇年史』を編纂する折、北九州市の実態を明確に示すことができた。

男性の中で少数の女性を意識せず

私は、新しい学制の大学一期生で、女子学生は極めて少なく、教職に就いても特に歴史の浅い中学校は、女性教師が少なかった。校内外の研究組織の会などは、男性がほとんどで、女性は私一人か二、三人というのが普通であった。しかし、新しい学制の中で性別を意識することなく、のびのびと過ごしていた。

私は、小学校から大学卒業、教職といつも学校の傍らにいて、八十年余り夢中で学校と併走していた。人生を色で例えるならば、ベースは紫色で、行く道は新しい坂道であったと思う。

小学校時が「青紫色」とすると、中学校教諭、校長時は「赤味を帯びた紫色」で、その後は「落ち着いた紫色」かと思う。人生の時々にゆかりのある紫色、その色をいろいろな変化として楽しんで来られたことは幸せだと思っている。

この世界には実に七百五十万色の色があるという説がある。そのうち私たち人間は、およそ百八十七万色を識別できるという。ジェンダー平等が浸透し、多様化社会の中で一人一人が存分にその力量を発揮し、いろいろな色で世界が彩られることを期待したいと思う。

三　女性の校長が出始めるころ

戦前に存在した女性の校長

ここで、女性の校長が出始めるころについて、全国と政令市である北九州市について見てみる。

戦前、全国で女性の校長はほとんどいなかった。しかし、私は昭和のはじめの子供のころから、女性の小学校長の存在を知っていて、女性の校長がそれほど珍しいと思っていなかった。

東京で小学校の低学年のころ、会社から帰った父が「隣の区に女性の小学校長がいる。なかなかの方らしい」と話した。当時、父がわざわざ「女性の校長」と話題にしたので、後まで忘れずにいた。さらに後年、父は賛意をもって話したのだと気がついた。

その校長は現在の板橋区立志村第一小学校木内キャウ校長である。校長に着任する時、女性校長に反対、抵抗の動きがあったが、やがて信頼され、一九三一（昭和六）年から十年間校長を勤めていた。そして、戦後、女性に参政権が得られると、参議院議員になっている。しかし、木内キャウ校長の後に続く女性の校長は出なかった。突出した存在だったのである。私はそうと知らず、他でも女性の校長がいるつもりであった。その意識は、成人して自分が校長になるのに幸いなことであった。

家は父母と女の子ばかりである。その四、五十年後、三女の私と四女は北九州市で中学校の校長になっている。近年、小学校の女性の校長は次第に増えているが、女性の中学校長はまだ少ないままである。父が存命ならどう思うだろうか。

戦後女性の小学校長の出始めのころ

戦後、日本国憲法の三原則により男女平等になり、女性の校長が出てくる。

特に、一九五〇（昭和二十五）年ころに、民主化政策により、女性の小学校長が少し出てきた。

その後、一九五五（昭和三十）年ころには減少になり、戦前とあまり変わらない状態になっている。

次に女性の校長が全国的に徐々に出てきて、それが継続するのは、およそ一九六五（昭和四十）年ころからである。一九六八（昭和四十三）年には女性教師数に占める女性の校長率は、全国の小学校は〇・〇八パーセント、中学校は〇・〇一パーセントという状況である。

女性の小学校長が出てくる初期のころは、女性の校長の黎明期、開拓期などと言われる。しかし、女性の中学校長が出るようになるのはそれよりかなり遅い。

北九州市女性の校長等の出始め

女性の校長、教頭等の時期と人数の状況は、都道府県により違いが大きい。そこで北九州市を見てみる。

政令市である北九州市の女性が校長、教頭等になる動きは、一九六八（昭和四十三）年からである。それ以前の北九州旧五市の時代に、女性の教頭、指導主事が一人二人と出て、校長も一人出たが、後に続くことがなかった。

継続的に北九州市に女性の教頭、校長が出るようになったのは、一九六八（昭和四十三）年からである。この年から学校に女性の校長がいるべきであるという声が上がってきた。また、時代の進展もあり、小・中学校長等学校管理職選考試験が実施されることになった。これにより、女性も男性も対等に受験し、校長、教頭等になることができることになった。

その中で北九州市に女性の校長が初めて出たのは、一九七一（昭和四十六）年である。この校長就任の始めごろの人は、旧学制卒業が主で、教諭採用時に男女の処遇、給与などに差があった。そこでは、女性教師が校長になることは予想できなかったようである。

そのような中から新しく校長に就任したのは、本人の実力、他からの推薦や進言、中には女性活動の自覚等があったという。どの動機にしても、当初は緊張と苦難の連続であったという。その女性の校長は、選考試験の面接の時に「これは試金石である。今後女性の校長が続くかどうかはその働き次第である」という旨のことを言われたと証言する。(「北九州市教育研究会会誌」他)

そこで何をするにも失敗は許されないと緊張の連続であったという。また、周囲からも何かと注目されていた。

ここで女性の校長が継続的に出始める一九七一(昭和四十六)年から、女性管理職がどのように増加してきたか十年ごとの数を下表に示す。

当初から二十年ぐらいはあまり増加しない。私は一九九一(平成三)年度で定年退職した。このころからそれぞれの数の増加が大きく見られる。

北九州市公立学校等　女性管理職数の推移

年度	学校数			校長				教頭				事務局等		合計
	小	中	特	小	中	特	計	小	中	特	計	校長相当	教頭相当	
1971(昭46)	117	55	4	1	1		2	4	1		5		6	13
1981(昭56)	135	63	8	7		2	9	7	1	1	9	1	4	23
1991(平3)	143	70	8	13	5	1	19	12	8	2	22	1	7	49
2001(平13)	135	63	8	23	5		28	28	4	1	33	1	13	75
2011(平23)	131	62	9	23	7	1	31	18	8	0	26	3	13	73

注：小＝小学校、中＝中学校、特＝特別支援学校
※文部科学省「学校基本調査」及び北九州市「教育調査統計資料」から作成

四　新学制卒業の女性の校長が出る

大学一期生の自覚と校長免許

全国に女性の校長が一九六五（昭和四十年代半ば）年ころ、少しずつ出てくる。その後、少し経つと五十歳前後の教頭、校長が出て来た。そのうち十年も経つと、旧学制でなく新学制卒業の教師が三十歳代終わりから四十歳代になり、リーダーとしての力をつけてくる。

その中に、性別に関係なく校長になるのは自然のことと考える女性教師が出て来た。特に大学一期生には「先をひらく」役割があるという自覚があった。

ここで特に大学一期生で大きいことは、校長免許の全科目の単位を取得したことである。

大学四年次に校長免許状（昭和二十四年五月三十一日　法律第一四七号）の全科目を開講すると知らされた。教育行政学、教育法規、学校財政及び学校建築、教育社会学及び社会教育などである。校長免許状を取得することは校長を視野においたことになる。大学四年時は卒業論文、高校教育実習等で大変であったが、私は全科目の単位を取得した。他の女子学生も全員受講した。その後、免許法が改正（昭和二十九年六月三日　第一五八号）され、免許状はなくなったが必要科目を受けたことにより、「学校経営にあたる」ことの意義を考えることになった。

当時の教育界と私の学校管理職の始まり

ここで、私が学校管理職になったころを見てみる。

私は、中学校教師として十七年、夢中で日々を過ごしていた。

一九六〇年ころから一九八〇年ころは、安保闘争、大学紛争、教職員組合活動などが激化していた。特に、教職員団体の活動が盛んで、教員ストライキが頻発していた。その中で私は、もっと広い視野をと思い、社会教育主事の資格を取得するため九州大学に通った。また、視点を高くと思い、博物館学芸員資格の試験を東京まで受けに行った。

そのような折、突然、福岡県教育委員会の担当者から連絡があった。福岡県教育センターが発足するので、各分野の専門担当の候補者として挙げてよいかとのことである。私は、中学校教師として十分充実した日々であったが、新しい仕事にも関心を持った。

これまで十四年間勤務した北九州市立思永中学校は、教育情報資料活用の教育について先進的な研究校であった。私は文部大臣賞を受賞した学校図書館の主任で、北九州市教育論文で「教諭個人特選」を受賞し、他校の研究会でも助言講師を行っていた。司書、司書教諭の資格があり、さらに、社会教育主事の資格、博物館学芸員の資格を得ている。これらを教育委員会は把握している。

そのころ教育行政としては、教員ストライキを止めさせて学校を正常化し、教員本来の研修を盛んにしようとしていた。その一つとして、福岡県教育センターを整備、充実させて、教師の資質向上を図ろうとしていた。

同時期に北九州市教育委員会は、旧来の教育研究所を移転新設し、陣容を整え本格的に機能させようとしていた。女性の中堅教師の研修を進め、さらに、公立学校等学校管理職候補選考試験を開始し、結果として女性教師の力を生かすこと、これらを同時に行おうとしていた。

私は一九七〇（昭和四十五）年四月、指導主事の辞令を受け、北九州市立教育研究所（現教育センター）勤務になった。それは教頭相当職であり、学校管理職ということである。それから指導主事四年、教頭二校六年で、教頭相当職としては計十年間である。

校長相当職へ

北九州市公立学校等学校管理職候補選考試験の校長受験資格は教頭経験三年以上になっている。

私は見識、力量を積んでからと考え、すぐには受験しなかった。一九七五（昭和五十）年度に海外教育事情視察でイギリス、フランス、アメリカ等の視察に出た。特にスウェーデン、デンマークで女性校長が多く、カナダでは校長、教頭とも女性という学校があった。

この視察から多くのものを得て、管理職試験を受けることにした。小問、論文から面接に進み、そこで教職リーダーの心がけを問われ、「"Beam with theme"から絶えず課題に燃えて扉を開け続ける」と述べた。校長相当職就任である。

校長職としては教育機関所長二年、校長三校十年で、計十二年である。

女性が学校管理職に就くのは普通のこと

私は教職定年まで女性管理職としてほとんどすべてが「初めて」であったが、それほど気負わず、普通に近い感覚であった。新しく学校管理職に就くのは挑戦でなく、ただ新しい立場に立つという新鮮な思いであった。特別に人に勧められたり説得されたりしたことは無く、また、女性の活動を奨めるという社会の動きに直接影響を受けたというのでもなかった。

学校管理職に就いたのは、一つは、新学制大学一期生として、「初めて」「ひらく」と自覚をしていたこと、もう一つは、求められる職務があり、それに応えようとする構えがあったこと、この二点である。女性かどうかは全く意識に無かった。

管理職には、教諭時から地道に坂道を進んでいくもので、その先に管理職があるだけであり、急にステップアップするというものではないと思っている。

女性の校長の世代交代

私が中学校教諭から教頭職に就いた時は、旧学制卒業の人と新学制卒業の人が並行していた時期である。しかし、中学校関係に限ると、新学制の私のすぐ後に管理職として続く人は少なかった。戦後、大学進学が困難で、大学分校二年で教職に就く人が多く、大学四年の中学校教育課程に進む人は少なかったからである。従って中学校の女性で校長になる位置にいる人が極めて少ないのであった。

私は一九六〇年代半ば過ぎに女性の学校管理職が出始めるころから、それが定着するころまで二十二年間、その職にあった。その間、特に中学校の校長就任当時は男性の中に女性一人というのがほとんどであった。

しかし、一九九〇年代に入ると新学制大学卒業の人が次第に増え、女性の中学校長になる位置にいる人が出てきた。私の退職は一九九二（平成四）年で、世代交代という時の流れの中で、新学制卒業の女性の学校管理職にバトンを渡す形になった。

女性の校長会組織と必要性は

女性の校長の出始めのころ、全国どこも極めて少数であったので、女性の校長の組織が作られた。それは、女性が少数である現実を踏まえ、女性自身の資質の向上、後輩育成を含めた相互成長のための組織と言われた。第一回は一九五一（昭和二十六）年で「全国婦人校長会」、一九九一（平成三）年に「全国公立小・中学校女性校長会」になっている。

退職者の会は、一九六〇（昭和三十五）年に「全国退職婦人校長会」、一九九三（平成五）年に「全国退職女性校長会」になっている。

私は校長職に就いた一九八〇（昭和五十五）年に、横浜市で開かれた現職の全国婦人校長会に出席した。会の「婦人」の名称に違和感を持ったが、会の内容は厚く、さすがと感じ入る女性の校長が多かった。現在、現職と退職の校長会としての趣旨、綱領等は、時代の進展と共に当初より広く高いものになっている。

ところで、「女性校長会」という組織が今後も必要なのかという声がある。女性の数が増えたとしても、女性がその力を存分に発揮していなければ「女性の会」は、なお存続する意義があることになる。また、女性の校長が増加した時に、男性の校長も含めて公正公平な考えに基づいた論理や行動をしていれば、本当に成熟した会ということになる。

ここで北九州市にある女性学校管理職の会を見てみる。校長だけでなく、教頭等管理職を含めた会である。

現職者の会は一九六七（昭和四十三）年に教頭二名から始まっている（会誌「華」）。退職者の会は一九八二（昭和五十七）年からである（会誌「きさらぎ」）。現職者の会は「北九州市公立学校等女性管理職の会」、退職者の会は「北九州市公立学校等退職女性管理職の会」である。この二つの会は多少違いがあるが、研修と後輩支援を継続して行ってきた。その一つとして、後輩のために初期に就任した女性の校長が中心になって、「ひさご会」と名付けた勉強会を作っている。ひさご会とは、豊臣秀吉の千成瓢箪のひさごを取る意味から名付けられている。

新しいこととして、現職者の会はこれまでと多少変わり、二〇二二（令和四）年度から「ＫＩＴＡＱひさご会」とすることになった。

なお、全国組織としての校長会は、全国公立小中学校長会があり、二〇二三（令和五）年に、第七十三回全国大会が山口市で開かれた。全国退職女性校長会は同年、第六十三回が広島市で開かれる。ところで、「女性校長」という言い方を聞く。どうしても必要な場合は「女性の校長」である。

昨今の出版物のタイトルに、「女性校長」を使わない工夫をしたのを見ることがある。「女性校長」を使わない時代が近く来ると思っている。

なお、女性が校長に就任する時、よく「登用」という語が使われる。しかし、昇任という意よりも職責を果たす「任用」の意の方をよく考えたいと思う。

女子中学生にとって女性の中学校長は

北九州市で女性の校長が出始めた一九七一（昭和四十六）年は、女性の校長の赴任が必ずしも順調でなかったといわれている。それでも、少しずつ増えてくる。

私は一九八五（昭和六十）年に北九州市小倉で、初めて女性の中学校長として赴任した。

翌日には、学校の玄関に誰からとも言わず、大きな蘭の鉢が届けられ、新聞には「女性校長ステキ」という記事が掲載された。校区は北九州市内最大の商業繁華街があり、生徒の母親たちの活動が盛んであった。女子生徒の母親が「女性の校長は女子中学生の希望の星です。女子中学生が喜びます」と声をかけてくれた。女性の強力な理解者、支援者がいるのであった。生徒の盛んな活動、地域保護者の理解と熱意のある学校が、女性の校長を普通に迎えたのであった。

五　中学校にこそ女性の校長を

「女性の校長」は社会に広がっていない

今日、現学制になってからほぼ七十余年になる。現在、七十歳代の人でも男女平等の学校で学んだはずである。その人たちが小・中学校のころ「校長が女性という学校」にいたことのある人は、どれくらいいるだろうか。私は生涯学習の会で講師をした時、受講者に尋ねてみた。

八十歳代から五十歳代の人は、まず女性の校長に小、中学校で出会ったことが無い。次に「子や孫が女性の校長の学校にいたことは」と聞くと、孫が小学校でという人が少数で、中学校ではごく僅かであった。次に、挙手で聞くのでなく、質問紙によって尋ねてみた。そのどちらでも同じように、女性の校長に出会った人はほとんどいないのであった。戦後、女性の校長が出始めたとしてもまだ少数で、特に中学校は稀であることがよく分かる。

男女平等のはずの学校ではあるが、依然として、校長は男性が普通で、女性は少なく、社会的に増えたということになっていない。

男女格差を広く見てみる

身近な地域社会で男女格差を見るだけでなく、広く全国や国際的な動きを見てみる。

今日、社会はＳＤＧｓ（持続可能な開発目標）について聞かないことがないぐらい多方面で動いている。男女格差の是正は、ＳＤＧｓの十七の目標の一つで、持続可能な社会を築いていくための地球規模の重要課題になっている。

二〇二三（令和五）年六月、「世界経済フォーラム（ＷＥＦ）」により、世界の男女格差の状況をまとめたジェンダー・ギャップ報告書が発表された。日本の男女平等への達成率は、六五・〇パーセントで、世界一四六か国中一二五位である。

日本では、男女共同参画基本法が一九九九（平成十一）年に施行され、これに基づいて男女共同参画社会の推進を図るため、二〇二〇（令和二）年に、第五次男女共同参画基本計画が閣議決定されている。

そこでの取組みの中で、特に学校教育の分野については、次の二点が注目される。

①学校においては校長への女性の登用を一層促進する。

②ポジティブ・アクションなどを通じて、女性教員の育成を図る。

男女格差を統計で見る

このように動く時期、関係機関や組織などで、促進のため種々の調査が行われている。

日本では、内閣府が社会全体の男女平等について調査、公表している。二〇二三（令和五）年三月の公表では「男性の方が優遇」「どちらかといえば優遇されている」を合わせて七八・八パーセントと答えている。

国立女性教育会館から女性教員の活躍推進に関する調査研究が出されている。また、全国の女性校長会や退職女性校長会が周年記念行事ごとに女性校長の調査研究を報告している。

先に私は北九州市の女性学校管理職に「岬に立つ」の講話の後、女性管理職を増やすことについて取り上げた。

そこでこの度、全国と地元北九州市の最も新しい統計をもとに比較検討する。

最新の情報、見解は本書Ⅱ編の三の次に【資料】として記している。

（【資料】　全国及び北九州市の学校における教員・管理職等の男女の割合について）

・学校の男女教員数は

・学校の管理職の男女の割合について

・学校における教員の管理職への任用率について　等

現実の学校での男女格差は

男女格差は統計によって明らかだが、ここで改めて現実の中学校の中の男女格差を見てみる。学校教育は男女平等と見なされ、そうなっていると信じられている。しかし、平等を建前としながら眼を拭ってみれば、今なお平等と言い難いことが起こってはいないだろうか。教職員同士や生徒間で自然のうちに、男性の優位が沁み込んでいはしないだろうか。「隠れたカリキュラム」が存在するとも言われる。

学校社会の現状を改めて見て、男女不均衡、不平等がないようにしなければならない。

女性の中学校教師は校長に

先の【資料】の統計によると、全国的に小学校の教員数は女性教員が男性教員より多いが、中学校は男性教員の方が多い。さらに、校長の男女比を見ると、中学校長は男性が約九〇パーセントで、女性の中学校長の比は極めて低い。女性の中学校長がもっと多くあるべきことは明らかである。

私の体験として女学生の時、母校出身の素敵な女性教師に出会ったことがある。まだ若くて管理職ではなかったが、男性教師の中で格別に存在感があり、生徒は「あこがれの君」と呼んでいた。私には働く女性のモデルとして将来の希望が持てる存在だった。

その後、私は中学校社会科教師になり、同僚女性教師の実力を見て、また学校管理職として女性の優れた資質を見てきた。さらに、定年退職後に母校の福岡教育大学で、教職必修科目の講師を十数年続けて女子学生の優秀さを見てきた。将来教職に就く女子学生に、後輩女性教師のリーダーとしてロールモデルになるようにと激励してきた。

優れた教科指導の教師が学校管理職に就くのは自然のことである。校長講話に自分の教科からの話ができる校長であって欲しいと思う。中学生から「校長先生はどの教科の先生だったのですか」と聞かれることもある。

なお今日、校長および教育行政の役職者を広く公募することがある。これは広い視野、高い視点、ロマンを伴う改革、さらに多くの意義があると思われる。そこに女性も積極的に応募して欲しいと思っているのは、私だけではないと思う。

力量ある女性教師の育成を

「女性の校長を多く」とは、力量ある女性教師が存在することが前提である。そのために現職の校長が力を尽くす。

校長としては、

・教師を育成することは校長として基本的に重要な職務である。校内で校長、先輩教師が後輩教師を育てる機能を発揮すること、

・特にプレ管理職としての主幹教諭、指導教諭の育成を急ぐこと、

・女性管理職育成の意をもって、学校管理職がやり甲斐があり、魅力ある職種であることを感じ取らせるようにすること、等である。

教師自身としては、

・本人の努力、校内の教育機能、校外の研修機会を生かすなど、自己研鑽し力をつけること、

・教師自身が学校管理職になるべき時に、なるだけの力と気概を持つようにすること、である。

大切なのは、学校管理職に就くのは、急なステップアップでなく、坂道をしっかり歩いた上にあるということである。

特に中学生のために女性の校長を

中学生は、漠然とした将来の「夢」でなく、現実の進路について決断、覚悟を迫られる。

この時期に中学生、特に女子中学生にとってロールモデルとなる女性のリーダーが存在する意義は大きい。

学校、特に中学校に女性の校長が存在することは、生徒に平等社会を示すことになる。

・特に女子中学生に、将来の生き方のモデルを具体的に示すことになる。
・男子中学生に、ジェンダー平等意識を身に付けさせることになる。
・後輩女性教師に、身近なロールモデルになる。
・男性教師に、男女平等社会を見える形で意識づけることになる。
・地域社会に、男女平等社会の実現に向け影響を与える。

中・高連携の視点から女性の校長を

義務教育は小・中学校とされ、小学校教育の方には多くの教育論考があるが、中学校は比較的少ない。もっと前期中等教育学校として力点を置きたい。

高校がほぼ全入になっている時、中・高連携から、さらに高・大連携ということが大切になっている。

一例として、日本は理系の女性研究者が増えていかないということがある。女性が理系分野への進学を躊躇するターニングポイントは、中学校時にあると言われている。小学校で好きだった理数科目が中学校でジェンダー平等教育の不足によってか、女性の理数系進学が増加しない傾向がある。また、社会に出ても理数系科学者は「ガラスの天井」に突き当たると言われる。

女性の小学校長はかなりいる。そして、中学校の女性校長も普通にいるようにならないか、さらに高校もまた同じようにならないかと思う。

このように、特に女性の中学校長が多く存在することは、学校、家庭、地域社会に男女平等意識の好循環をもたらす。学校での男女平等意識が家庭へ、そして、地域社会へと広がる。

その先に、男女平等社会、成熟社会があると考える。

女性と大学教員二題

その㈠　女性の中・高校長、学長を増やすこと

二〇二一（令和三）年末、「女性学長はどうすれば増えるか？」というシンポジウムが開かれたという。大学が日本社会のダイバーシティ（多様性）社会を牽引するために、女性学長に注目するとある。髙橋裕子津田塾大学学長、田中優子前法政大学総長、日比谷潤子前国際基督教大学学長な

どが講演し、パネルディスカッションを行っている。男性女性を含め、あらゆる多様性の社会にしていこうとするためである。

私が、義務教育の中学校で、女性の校長をもっと多くと願っている時、社会は女性の学長を増やすことを取り上げている。さらには、「高校にも女性の責任者が普通に存在することを期待する」という声もある。

中学校、高等学校等の教職で女性が正当に存分に働けることは、男女平等の成熟した社会にする上で大切なことである。女性の学長は遠いことのようであるが、女性の中学校長を増やすのと同じ方向と言ってよいのではないかと思う。

二〇二三（令和五）年三月八日、国際女性デーのころ、世界で女性が大学の学長など事実上のトップを務める大学が増加していると報じられた。イギリスのオックスフォード大学で女性が大学のトップに、アメリカのハーバード大学で女性がトップに就任するとのことである。ドイツ、フランスも女性が大学のトップを務める割合が高く、これらのことは学内に刺激を与えることになっているという。日本は、これからというところだろうか。

そのうち女性の小・中学校長、高校長が当然になるとすると、多くの大学さらに、次は拠点的な大規模総合大学に女性の学長（総長）が出てくると期待して、遠くを見ていてよいのではないかと思う。

その㈡　東京大学に女性教員を増やすこと

二〇二二（令和四）年秋、東京大学が女性の教授、准教授を二〇二七年度までに三〇〇人採用すると発表した。

それまで女性の教授、准教授は、一〇％台であったという。

大学教育に関して、これまで林香里理事・副学長のジェンダー関連の発言を聞いたことがある。今回、「アンコンシャス・バイアス（無意識の思い込み）に対応する研修をして、全学の意識改革に取り組む」とのことである。

ここ何年か「東大に女子の受験、入学を」ということを聞いていたが、大学教員に女性をということまでには、及んでいなかったように思う。

約百年前のこと、大学は男子のものとされ、女性に大学の門が開かれていなかった。その中で東北帝国大学に女性三人が入学して注目され、物議をかもしたことがある。一九一三（大正二）年で、女性としての快挙である。大学への女性の入学そのものが阻まれていたころから、今日約百年、津田梅子渡米から百五十年である。

この先の新しい百五十年は始まっている。小・中・高校から大学まで、このようにジェンダー平等、多様性確保の方向は確かに進んでいる。なお加速がつくように、と願っている。

このⅠ編の終わりに

女性の学校管理職は「毅然としてしなやかに」

私は女性の校長としての体験から、後輩の女性学校管理職に呼びかけをしてきた。かつて、「北九州市公立学校等女性管理職の会」会長として、会報「華」の各号の巻頭に女性学校管理職に求められる視点を次のように記した。「真のスマートさを」「風格ある管理職に」「内的権威のあるリーダーとして」「やさしさとインテリジェント・タフネスを」である。

なお求むべきは、性を超えた普遍的な教師、学校管理職として、品性高く一流の仕事をしていこうという呼びかけである。

時代と共に教育課題は変化するが、基本的に大事なことは変わらない。大局を見て自分の中にきちんとした尺度を持ちつつ、実行力を持つことだと思う。これらの基底は「毅然としてしなやかに」ということだと思う。これによって、校長として描いたことが実質のものになる。

今後とも次代の学校管理職を育成し、未来の男女共同参画社会のモデルとなる学校社会になることを強く願っている。

なお加えて

校長退職後も、特に女性校長はロールモデルとしての役割を自覚していきたいものである。身近な例で、退職後に九州大学大学院博士課程を出て博士の学位を取得し、その内容が現場に還元されているという例がある。また、身近な最も大切な人に存分に尽くす日々という例がある。教職退職者は、天から与えられた自由で貴重な時間を存分に生かしていけば、快い風が頬をなでるのだと思う。

このごろ九十、百歳の長寿の方の深い言葉を聴くことがある。百歳の思想史家武田清子さんは「歴史は、いつも動いていくものです。それを否定的に見てしまうとすべてが無意味になってしまう。不可能に見えても、その中には驚くような新しい可能性が常に宿されています」という意のことを言っている。さすがと、心温まる。

Ⅱ編　先駆けの道　かなたの空

『ひらく 校長として女性として』の令和的意義

1966（昭和41）年　北九州市立思永中学校で
中央で顔を上げて生徒を見守る

このⅡ編は、品川洋子先生の中学校管理職としての歩みを辿り、その人となりを著書にある主なエピソードをもとに明らかにしていく。

『ひらく 校長として女性として』や『戦中戦後 少女の日記』などの著書を抄出したり、著者本人へのインタビューを交えたりしながら、品川洋子先生の本質に迫り、その著書の令和的意義を読み解き、今後につなごうと試みた。

北九州市公立学校等退職女性管理職の会

長崎県公立高等学校常勤講師

尾田優子

一　天衣無縫の「天女様」に誓います

「ひさかたの光のどけき春の日にしづ心なく花の散るらむ　紀友則」桜をめでつつも慌ただしさに流されている中、新聞で「校長講話」という言葉が目に留まりました。「校長による実践を共有したい」と続きます。ＩＣＴ（情報通信技術）の活用やリモート授業が日常化していく中で、道徳科の内容項目を意識して校長講話を重視している例がその記事に紹介されていました。令和四年卯月当初の記事です。

品川洋子《ひろこ》先生は、自らの信念に基づき、中学生への深い愛情と熱い情熱をもって、既に半世紀ほど前からたゆまず実践されていました。「三段階方式による校長講話」で全校生徒、職員に浸透させていかれました。先生のこのような先進的教育実践は枚挙に暇がありません。『ひらく　校長として女性として』を再読して、先生の来し方を振り返ると、ただただ驚嘆するばかり。「温故知新」の宝庫です。

進取の気性と深い理念、アイデア満載の実践。一人一人の生徒への深いエンパシー（共感）を基に未来への羅針盤を示し、ただひたすらに行動していく。その足跡、実践の前には「令和型日本の教育」という言葉が霞んで見えます。

私は現在、両親の墓を守るため故郷に戻り、原点である高校の教壇に立っています。本年度古稀となります。母の享年六十五の時には、病床ではなく教壇にいることを亡き母に誓いました。誓いの年を過ぎてなお「花の時」を生きる高校生と時空を共にしています。

そこで、それぞれの花が、色も形も咲く時期もさまざまに、ゆっくりと開いていく瞬間に立ち会えるのはなんと幸せなことでしょう。

そして、これは品川先生のお導きであることに、はっと気づき感謝する毎日を送っています。昭和六十年、北九州市立中学校六十八校中わずか二名であった女性校長。その先生を戴く学校に赴任するという幸いを得て女性管理職への道を歩み始め、無我夢中の平成の時を過ごし、定年後令和の今があるのは先生のおかげです。

しだれ桜、渡り蝶アサギマダラの群舞等、自然の移ろいを先生を囲んで愛でる会へのお誘いを受けたり、書道展や美術展等の文化鑑賞などに楽しんで出かけられたり、お健やかに過ごされる先生は、健康長寿のロールモデルとして勇気と希望をくださいます。それだけでも十分ですのに、さらに、学校教育現場における女性の豊かな発展を願って、卒寿に新しくご本を上梓され、「ひらく」から「つなぐ」と今なお力を尽くし貢献される先生。こんなにも間近で人としての在り方を導いて頂ける幸いに私は包まれています。

先生にお約束した「種まく人」を信条に、学ぶ楽しさに浸りながら歩む私を見守ってくださる先生を、私は心ひそかに「天女様」とお呼びしています。

出会う人に天女様は次々に「羽衣《はごろも》」をかけていきます。すると、翼が生えたかのように新たな世界に飛び立っていくのです。時にその「羽衣」は、あのかぐや姫が天女に羽衣を着せられ「翁《おきな》を、いとほしく、かなしとおぼしつることも失せぬ」ように、これまでの自分の生き方への大きな変化を迫られ、まるで生まれ変わったように人生を歩み始めた人もいます。卒業生のその後や女性学校管理職、文化講座や司書教諭等の受講生のお礼の言葉や感想を伺うと、その方々が軽やかに次の空に舞う姿が爽やかに思い浮かびます。

地上に蒔かれた種はやがて成長し、たんぽぽの種のようにあちこちに花を咲かせます。そして、さらには羽衣をまとい、周りの人と共に空高く「よりよかれ」と生きていきます。まさに先生は「天女様」です。

ところで、文科省のデータによると、医学部医学科の合格率における性差で、女子が半数を超えていました。令和三年度は八十大学中、四十三大学です。分析によると、平成三十年に私立大学医学部入試で女子の点数を操作した不正が発覚した翌年は、女子一七%が二四%に増加したとのことです。

「女子が理系の専門職を志すと変な目で見られる」「女性医師のモデルに接する機会がない」とよく言われる風潮も少しずつ変化していきそうです。「医学部とジェンダー」と題した記事では「フェアな競争にすると結果が一変することが統計で実証された」とあります。

そうです。女性の頭の上にはこのように見えない何かによってガラスの天井が張り巡らされているのです。世界経済フォーラム（ＷＥＦ）の「ジェンダーギャップ報告書二〇二三年版」で日本のスコアは一四六か国中一二五位、二〇二二年度の一一六位より下がっています。

また、教職員の言動による児童・生徒の気持ちを調べた調査が奈良県でありました。約七％の中高生が「嫌な気持ちになった」ことが分かりました。その言動を見ると「性別による決めつけ」と回答した割合が小学生八％に対し中学生一〇％でした。残念ながらこれが令和の現状です。ＳＤＧｓ、十七の目標五「ジェンダー平等を実現しよう」達成に向け日本だけでなく世界で取り組んでいる昨今、バイアス（思い込み）を外すのは容易ではありません。草の根レベルという言葉がありますが、意識下のバイアスは心の奥底にあるのです。

これまで、先生は女性の校長として道を拓き、次々とガラスの天井を突き破り実績を上げ、心に響くお話をいろいろなところで語りかけてこられました。

「中学校にこそ女性の校長を普通に」という先生のご主張は令和の今だからこそ、重くしかし未来をつくる確かな声として受け止められると考えます。

先生が幼少期を過ごした東京に、初めて女性の東京都教育長が誕生しました。色とりどりのランドセルはすっかり定着してきました。先生の思いと願いを、多くの女性がそれぞれのところで、「山路来て何やらゆかしすみれ草　松尾芭蕉」とひっそりと咲くすみれを見つけ、あるいは、「葛の花踏みしだかれて、色あたらし。この山道を行きし人あり　釈迢空《しゃくちょうくう》」と先を歩く人に勇気づけられる時が、もうそこまで来ていると感じます。私もささやかながら七百十名の高校生たちを通してつないでいきます。

The sky is the limit.　頭上が「青天井」であると信じて。

（二〇二三年一月　記）

二　著書に「知新」を読み解く

尾田優子

㈠　生涯の恩師　生涯の宝　日記をめぐって

大東京こそ我が住むところ

どこまでも明るく前向きでひたむきな人柄は、どこから生まれ、育まれていったのだろうか。先生の原点でもある東京での子ども時代を、見ていくこととする。

1937（昭和12）年　父母と洋子（左、5歳）・姉・母方祖母

品川洋子《ひろこ》先生は、一九三一（昭和六）年、満州事変勃発の九月十八日、東京で誕生された。染料製造会社に勤める父親の大きな愛情と、当時珍しかったシンガー・ミシンで母親が手作りした服に包まれ、「一年中春風が漂うような」家族にくるまれて育った。小学校に入学したのは、一九三八（昭和十三）年。前年に日中戦争が始まり、国家総動員

法の公布と戦時体制が整うころのことである。

当時は一学級七十名。出席番号はいろは順で、品川先生はずっと後の五十五番だった。

生涯の書き始め

当時、昭和十三年、小学校一年のころ、家には多くの本があった。お父様の書斎には「中央公論」など、毎月新しい雑誌が届いていた。お母様は子供に「キンダーブック」等の絵本を買い与え、それをもとに姉妹で物語を作っては楽しんでいた。そのころ、お父様が評判の豊田正子『綴方教室』(中央公論社)の本を買ってきて、お母様は洋子たちを連れて映画を見に行った。映画から帰ると、洋子たちはお母様に「綴方の映画を見たのだから、綴方を書きなさい」と言われた。しかし、一年生は学校でまだ綴方の時間が無く、どう書くかわからず、それでもどうにか書き始めた。

「この書き出しは今でもはっきり覚えている。これが、生涯の書き始めであった。」

と記している。

綴方とは作文のことで、当時読解と共に大切にされていた。そして、これが先生の「書くこと」に対する土台作りと繋がっていく。

黒板いっぱいの綴り方

一九三九(昭和十四)年、二年生のある朝。登校すると教室の黒板いっぱいに綴方が書かれてあった。

一、二年担任は平野亨先生である。
当時は、児童が七十人近くもいる教室。その教室の一番後の座席にいようとも、授業する先生と一対一のつもりで話に聞き入るような学習熱心な児童であった。

その時、品川先生が八十数年後でも鮮明に思い浮かぶ印象的な授業があった。

ある日の教室。黒板いっぱいに書かれた作文。洋子は目を奪われる。しかも、担任の平野亨先生は、その行間に文字、語句、改行などを丁寧に訂正していき、全体の構成についても説明された。そして、それは一時間目だけでなくその日一日中で、黒板には下校するまでさらに次々と新しいことが書き込まれていった。

その授業で、洋子はその一つ一つに目が開かれ、「そうか、そうだ」と納得して「わかった」「これからきちんと書く」と決心する。

「書くこと」とは何か、「きちんと書く」とはどういうことかを会得したのである。そして、その「わかった」という心地よさが、この後、生涯、書くことの世界に浸らせていくことになった。

時間割さえ無視した一日を通した綴方の授業が、「書くこと」の基礎基本を作ったと言える。授業の在り方としても注目すべき実践事例と考える。

学校は楽しいところ

平野亨先生は、幼稚園には行きたがらなかった洋子を学校大好きにさせた最初の先生であった。

1938（昭和13）年　入学した東京市王子第一尋常（現東京都北区立王子第一）小学校

入学前にお父様は洋子に言ったことがある。

「幼稚園には行かなくてよいから、学校にだけは行くように」と約束させ、「学校は勉強するとても楽しいところだ」としきりに言い聞かせた。

洋子はお遊戯やお絵かきが不得手。しかし、知的好奇心が高い。向上心に富む洋子の特性を見極めて学校の本質を易しく語るお父様。子育ての極意が見える。

日記の始まりと奥山壽榮先生の笑顔

そして、一九四一（昭和十六）年、小学校四、五年生では、担任が奥山壽榮《すえ》先生になる。

日記の書き始めとして、奥山壽榮先生は国語の教科書の「朝顔の日記」のころ、日記を全員に何日か書かせた後、「できればずっと続けるとよいのですが」とだけおっしゃった。

その小さな一言を聞き逃さなかった洋子は、「では、すぐ書こう」と思い、楽しかったことを書き綴っていく。そして、一年が経ち、洋子は一冊書き上げると「まだ書いています」と奥山壽榮先生にもって行く。

後日返された日記には、文の横に朱で丸や一言があった。さらに、日記帳の最後に「微笑ましい日々の記録、お父様お母様のひろく大きな慈愛の中に過ごす毎日の様子がよくわかります。ほんとうに幸せですね」とあった。

洋子は、奥山壽榮先生がこのように書いてくださったことが幸せであった。そして、日記帳をすすんで持って行くと、対話するようなことが書かれているのが嬉しくて、書き続ける原動力になったと記している。

奥山壽榮先生の「…できれば…」を本気にした子がいたことの驚き、喜びの顔。この奥山壽榮先生の笑顔を見たくて洋子が書き続けたであろうことが容易に想像される。

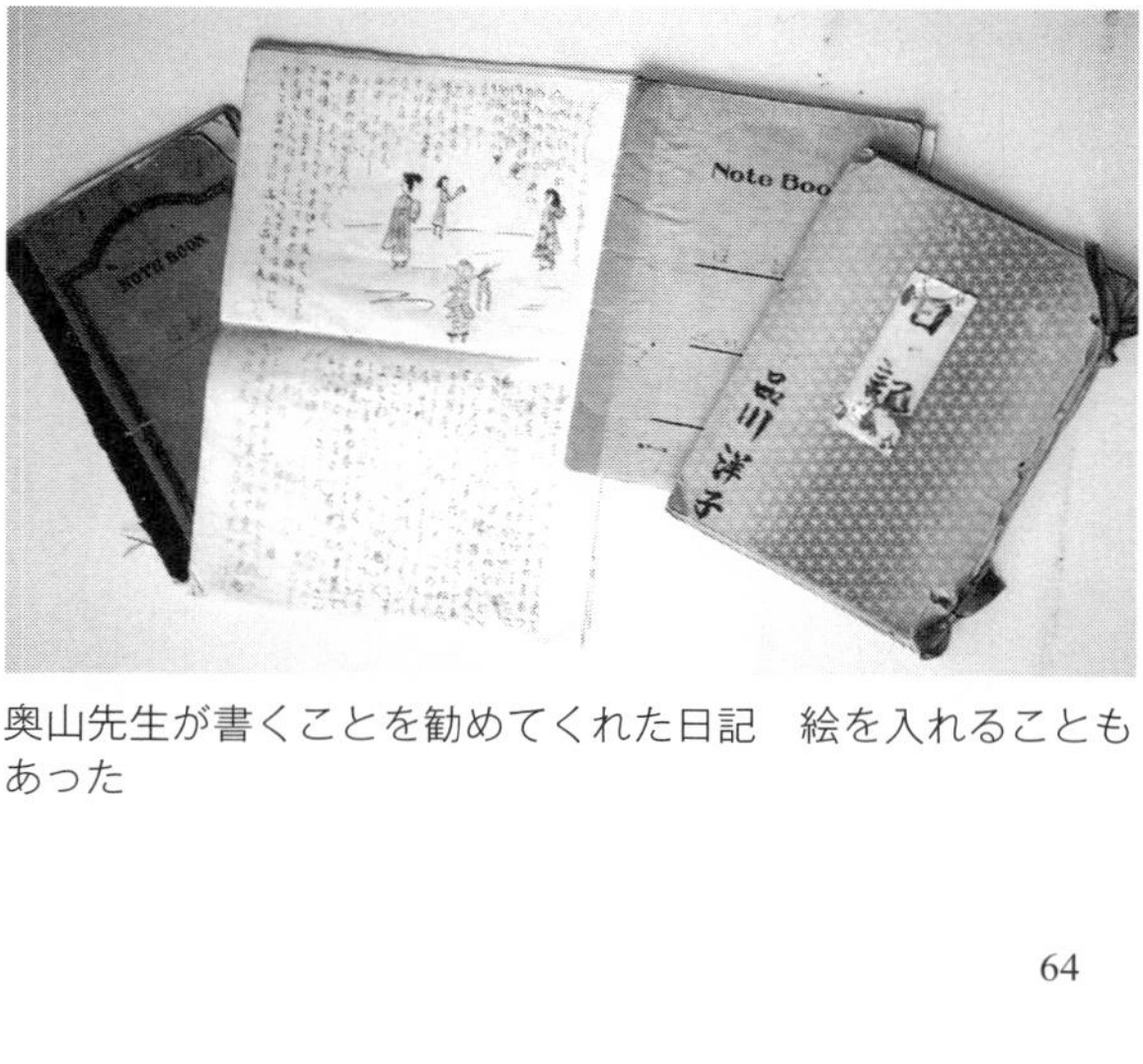

奥山先生が書くことを勧めてくれた日記　絵を入れることもあった

奥山壽榮先生の「余談ですが」

学校での回想として、五年生の国語「冬の月」という詩の授業がある。

「見上ぐればただ眞上、天心に月やや細し」とあった。その詩に「月天心貧しき町を通りけり(与謝蕪村)」の句を出して、洋子たちに質問する。通ったのは月か作者かと。その主体を考えさせ、さらに「推敲」の故事成語まで教えてくれた。知的な洋子はその授業から、教科書にとどまらず他の本から広く学ぶ楽しさを知っていく。

奥山壽榮先生の発問の何と豊かなこと、「推敲」という作品は確か、令和の今、中学校国語科で故事成語の学習に出て来る教材である。教材のレベルも高い。それに加えて、感応するように奥山壽榮先生の発問に導かれていく。「推《お》すか敲《たた》くか」ゆるぎない言葉を選ぶ姿勢はここから始まったのではないだろうか。

教える教師の見識の高さ、そして、それにつれ知的興味を高められていく児童。教えるもの教えられるもの両者で作り上げる理想的な授業がここにある。「余談ですが」で始まる時間は、まさに生徒の実態を踏まえ、考える力をさらに高めていく発展的学習といえる。

「私は学校で学習することすべてがわかっても、世の中は広くわからないことがたくさんあるのを知った」世の中に高くそびえる知の山脈。その存在に対峙し、まるで「そこに山があるから」というように、洋子は登っていこうとチャレンジ精神を燃え立たせる。

学びの本質は文化都市東京で育まれたのである。それは、たとえモノという形で残っていなくとも心に刻みつけられていく。

そして、このひたむきさ、学ぶことへの飽くなき探究心は教諭時代に生徒を導く基礎基本として生かされることになる。

蚕と桑と幼い日

当時の洋子の日記からは特筆すべきことが枚挙に暇がない。次は、書く目で物を見る感性の一端である。紙面の都合でそのほんの一部であるが、ぜひ紹介したい。

一九四二（昭和十七）年、十歳

「六月一日に理科で蚕を習ってから一月半の間、蚕と桑に熱中する毎日」となる。「蚕を友だちにもらうと一匹ずつ名前を付け、桑の葉を探しまわり、無くなるとお米の配給が無いのと同じと心配し、枝を見つけては挿し木にしようと思う。蚕の成長を一匹ずつ何センチ何ミリと測り、まゆを作ってさなぎ、まゆを破って蛾が出て卵を産めば一つ一つ数えている。毎日何かを発見しながら楽しんだ。先生から飼うこと、書くことを言われたわけではない。蚕は育つのがわかり、絹を作るというロマンも加わってか、夢中になって日記に書いた。」

あのころ、私たちは桑を探しながらどれ程楽しみ、どれ程多くのものを得ただろう。

『戦中戦後 少女の日記』（二〇〇八（平成二十）年 中央公論事業出版）より

蚕の一匹一匹に名前を付け、その成長を一匹ずつ何センチ何ミリと測り、まゆを作ってさなぎ、まゆを破って蛾が出て卵を生めば一つ一つ数えている。手のひらに転がすこの繭からあのきれいな絹ができる、まるで夢物語のようでしたと語る先生。

十歳の洋子は、そのころすでに、小さな生命を愛おしむまなざしと、高い観察眼を持ち合わせていた。物事を科学的に見る目、事実を記録しながら正確にとらえる姿勢を身に付けていた。そして、センスオブワンダーをそのやわらかな心に感じ取っていたのである。

「最近、命の教育、心の教育などの実践例として蚕を飼育するというのがあるが、あのころ、私たちは桑を探しながらどれ程楽しみ、どれ程多くのものを得ただろう。」と振り返る言葉。

自身の体験に裏打ちされた説得力には揺るぎないものがある。

戦時下であったが、「授業に引き込まれ、先生が教え浸ればそれに応えて学び浸り、弾むような日々」。それは、「人生のはじめにこの先生に出会い、後に教職に就くと自分も及ばずながらそのようになりたいと思った。教職を定年退職した後、久々に当時の級友に会っても、先生敬慕の思いで一致する。戦中の東京で、本と学校はあこがれの期待ど

1977（昭和52）年　恩師奥山壽榮先生を級友と訪ねる　洋子左から２人目　一人置いて奥山先生　変わらず控えめにされている

おりの存在であった。」と生涯を決定づける出会いであった。

銀のペン皿

一方、家庭でも、生涯の宝物を父親からもらうことになる。
『ひらく 校長として女性として』（二〇一五（平成二十七）年　中央公論事業出版）から抜粋する。

私は、本を読む面白さ、書く楽しみの中にいた。そのころ、父から小ぶりの銀の鶴をもらった。銀の光に神秘的なものを感じて、「何を入れるの」と聞くと、「ペン先でも入れるとよい」と言った。細長いペンを入れるのをペン皿というので、ペン先入れでもペン皿でよいと、「銀のペン皿」と呼ぶことにした。そっと置いて眺めるだけでなく、時に掌に載せ、そこに勉強の面白さ、美しいものの源、強い力の泉のようなものが籠っているように思って、日記帳とともに大切にしていた。これが「銀のボンボニエール」と知るのは、ずっと後のことである。

お父様は洋子たち姉妹に、赤い椿の花の絵柄がついた小箱などきれいなもの可愛らしいものを時々プレゼントした。品川洋子先生は、そのような子ども向けのものより、本格的な美術工芸、銀製品に心惹かれる。幼いころより高い審美眼を備えていたことが、このことからでもわかる。「銀のペン皿」は美の源、学びの泉となっていくのである。

家に本がある家庭。本に囲まれ、両親も姉妹も本を読むのは日常であった家庭環境、文化の香りのする家。小学校では、知的好奇心に満ちて、先生が教え浸ればそれに応えて学び浸り、弾むような子ども時代を送った。そうして、次第に人生の核が形成され、バックボーンとなる。

幼少期には、認知能力（記憶力や判断力、計算能力などの数値化しやすい能力）よりむしろ非認知能力（忍耐力、コミュニケーション能力、感情をコントロールする能力）を育てる方がよいと言われる。また、二〇〇〇年にノーベル経済学賞を受賞したジェームズ・J・ヘックマンは「五歳までのしつけや環境が人生を決める」とその重要性を話している。

「人生に必要な知恵はすべて幼稚園の砂場で学んだ」という本にもあるように、この豊かな心の庭があるからこそ、美しい花が開いたと言える。

ノーベル平和賞を最年少で受賞したマララ・ユスフザイの父親は、「娘の翼を折らないように」と話したが、洋子の父親は心の庭によって、その小さな背中に大きな翼をつけたのであった。

生涯の宝となった日記帳と銀のペン皿、この二つだけはあの戦争のさなかでもどうにか戦禍を免れた。そのことを次のように記す。

東京からの疎開で失ったもの

戦局が激化し、東京から疎開する時、私は銀の鶴と、これまで書いていた日記帳四冊を父に預けた。家財は貨車一台を借りて送ったが、着いた時は本や日常のものなど多くのものが失くなり、唐木応接台、金庫、ミシンなど重量のあるものだけが残されていた。特別に父に預けた二つの宝もの、銀のペン皿と日記帳四冊は金庫の中で助かったのである。しかし、大切な本やその他のものを失くしたのは惜しいことである。

――『ひらく 校長として女性として』より

個人の日記を超えて

この日記の意義については、品川洋子先生が新制大学一期生時の恩師、福岡教育大学名誉教授の北原重登氏が『戦中戦後 少女の日記』の冒頭ページに次のように述べられた。

「戦後に回想したのでなく、戦後の思潮、風潮にも全くかかわりない。まことに純粋中正な記録である。歴史的激動期であればあるほど、事実と事実を積み重ねて本当の歴史になる。この日記は個人の日記でありながら、事実の重みという点で、個人の日記を超える貴重な第一級の資料と言えると思う」

後に、その日記は昭和館に寄贈されることによって、まさに社会的意義をもつものとなるのである。

日記と昭和館DVDの作成

この日記については、同時進行の戦争の記録として大変貴重なものとして着目された。後日、回想されて書き綴られるのではない、同時進行という他に類をみない記録である。だからこそ、昭和館の方が東京からわざわざ、著者である先生のご自宅に撮影の機器をかついで取材にみえた。

昭和館は、国民が経験した戦中、戦後の国民生活に係る資料を展示する国立の博物館である。

先生が書かれた日記についての内容を直接先生から聞き取ったことを集録してDVDが作成された。

そのDVDは、昭和館の資料として現在も、来館者、特に、小学生が戦中のことを学ぶのに役立てられていると聞く。戦中戦後の同時進行としての迫力ある真実として貴重な記録であること、そして、映像となり、時代を超えて平和の尊さ等を考えるきっかけとなり広がりを生むこととなった。

2009（平成21）年　日記本体は戦時生活の資料を保存、展示する「昭和館」（東京・九段）に納めている洋子78歳

(二) 女学校四年間 —— 戦中と戦後にわたり

一九四五（昭和二十）年、十三歳、先生は、福岡県立の京都《みやこ》高等女学校二年生である。当時の状況はどうだったか。『ひらく 校長として女性として』より抜粋する。

「戦争は次第に深刻になった。マリアナ基地からの空襲、やがて敗戦。そして、戦後は一年間で物価上昇が二十六倍といわれるインフレで、東京で父が立てた生活設計は崩れた。疎開の村はガス、水道が無く、生活の不便困難は予想を超えた。」

終戦の日

一九四五（昭和二十）年八月十五日、先生は女学校二年生の夏休みに終戦の日を迎えた。その日のことは日記に感情を抑えた叙述で絵画のようなタッチで描く。『ひらく 校長として女性として』より引用する。

一九四五（昭和二十）年八月十五日、女学校の二年生の夏休み、戦いの日が終わった。私は、「戦争は終わることもある」というのを知った。物心ついて以来、戦争をしているのは日常のことであった。疎開以来、急転した生活の不便の中で女学校二年生、工場動員出動はなくても農業動員が多く、授業は僅かでラジオは本土空襲や「海ゆかば」で始まる玉砕などを伝えていた。戦いははっきり敗北であったのに、「これで区切りがついた」という気持ちの方が大きかった。この日は旧盆で、仏様を送る家が多かった。太陽は強く大地は熱く、夕べは何事もないようにゆっくり日が沈んだ。村はただ静かである。

それから戦争の真相がわかり始め、犠牲の大きさに驚いていく。やがて、身近な日々に戦中に勝る苦難がやって来る。

敗戦という時代の急変転に対する冷静な判断と区切りの気持ちの中に、変わらぬ自然のめぐり、この日は旧盆で「太陽は強く大地は熱く、夕べは何事もないようにゆっくり日が沈んだ。村はただ静かである。」この美しい情景が虚無感を際立たせている。

戦時下に一気に価値観が覆る激動に遭遇して、戦争の真相と歴史のうごめきを感得されたことが伝わってくる。

破綻の淵をのぞく

そして、九月、終戦直後、先生の通う女学校は急に変化があった。時代の波は、「春風の漂う家で愛情にくるまれた」生活を一変させた。お米は貴重品となり、食糧難は戦中よりも戦後の方が酷くなった。

「教科書は、戦時教材削除の通達により、墨ぬり教科書になった。髪を二つに分けて括っていたのを短く切って風になびかせ、放課後の教室から歌声が聞こえるようになった。」

一読すると明るい雰囲気になるが、現実は地獄のような日々であった。

家から女学校まで往復二十キロ余、しかも、タイヤはパンクが絶えない劣悪な自転車による通学。その上、何が何でも行きたい、行かなければと辿り着いた先の学校は、ほとんど授業が無かった。そして、カッパも無い時代。雨が降ればずぶ濡れになり泣きながら帰ったという。

このことは、次のように書かれている。

「あのまま通学困難を続けていれば、疲労と時間の消耗で心身の生気を失くしていく。一方で何が何でも学校へは行く、予復習も納得するようにしたい、充実したかつての日が当然なのだという強い思いがある」そして、「私は寄宿舎に入って初めて気がついた」何より通学苦から解放されてほっとし、「これで破綻という淵から助かったのだ」と。「それまで夢中で通学していたのは、破綻の際を走っていたのだとわかって体が震える思いをした」

春風わたる家庭から、寒風吹きすさぶ季節にたたき落とされたのだ。こういう中で一時日記が書けなくなった。

書けなかった日記

日記はというと、一九四六（昭和二十一）年五月十二日、女学校三年生で再び書き始めることになる。『戦中戦後 少女の日記』より引用する。

「ノートが無くて出納簿の表紙の取れたのを使い、横書きの出納帳に縦書きに書いた。（中略）日記は一年八か月、空いたことになる。

後に長く日記を書いていた人が、一番苦しかった敗戦前後を書かなかったということを知った。書く余裕が無いこともあるが、その時期の厳しい現実を書くのを避けたとも言われる。都会では敗戦直後に大変な困難があったかもしれないが、私は村にいて十三歳、深刻なことに出会っていない。しかし、それまで味わったことのない空しさ重苦しさの中にいた。

私は、書けず、書いていない。後に、戦争とは別のことで、大切で哀切なことは「忘れるに任せることだ／日記なんかに書きとめるな」という詩があるのを知った。

「ただ書けず書かなかった」ことの重さがひしひしと伝わる。そして、この詩から赦しをもらったように再び立ちあがる力を奮い立たせた。

社会の新しい風

少し経つと、社会の新しい風が学校に入ってきた。戦時中廃止になった英語の授業は復活するが教師不足のため、しばらく五クラス二百数十人が講堂で受けることになった。

三年生の一九四六（昭和二十一）年十一月三日に日本国憲法が公布、翌年五月三日に施行された。記念に夏の制服と体操服の配給があり、記念演奏会、講師を招いて記念講演会などがあった。

講演会は、有山千代講師による「外国で見たこと」であった。講師は、この女学校第五回卒業生である。ブラジル大使館書記官夫人で、日米開戦後、夫妻で外交官交換船で帰国したという。

「日本人は、源氏物語や芭蕉など日本文化がわからずに外国に行ってはいけない」「子供の躾は真心をもって厳しく」ということであった。

この講演に対して、品川先生は次のように振り返る。

「戦後すぐなのに、外国語を学べとも真の国際人とはとも言わず、子供を自由に育てよとも言わず、時代の空気にかかわらず物事の本質を語られた。六十数年後の今日になっても古びない真理である。」

このように物事の本質を見抜く目、つかみ取る鋭敏さがある。

時代の空気に関わらず物事の本質を語る、これは、品川先生の講演自体でも言える。今日でも古びない真理を語る人は、こうやって常にどこからでも何からでも学び取っていくのである。

本とお米の交換

そして、もう一つ忘れられない体験をすることになる。それは卒業近くなって、上級生との間で行われたお米と本との交換である。次のように書かれている。

（『ひらく　校長として女性として』より）

「私はある日、寄宿舎生の一人から一冊の分厚い本を見せられた。疎開してから新しい本を手にすることはできなかった。それはトルストイの『復活』だった。表紙が白とグリーン、背表紙に金文字、さらに天金を施した豪華本である。私は思わず「わけて」と言った。すると、「お米幾らかは、言い出した貴女が決めなさいよ」と言う。すぐ「お米八合で」と言った。だが、嬉しかったのは本を手にした一瞬だけで、すぐ後ろめたい思いに襲われた。お米は土曜日に帰省した時、痩せている私のために母が持たせてくれたものである。当時、女学生のあこがれのブルマーは、お米五合という相場であった。体育の時間、浴衣で作ったもんぺの人のいる中で、ひだのある紺色のブルマーは足をすらりと見せる素敵なものだった。その人はお米幾らかを気にするらしく、「このことは人に言わないがいい」と言った。

あこがれのブルマーがお米五合の時に、一冊の本にお米八合という破格の交換である。ところが、この後、意外な展開となる。先生の先生らしさとも言える。破格な交換で手に入れた豪華本を隠すように押入れの柳行李の奥にしまい込んでしまうのだ。そして、読むのはずっと後になってしまう。その時の心境をこう描いている。

「私は母にすまない思い、さらにもっと大きなものから咎められているような気がして読む気になれなかった。（中略）手に入れたお米と本を交換して、咎められるような気とは何なのか、当初は漠然と思っただけでよくわからなかった。教職に就き、給与を受けてゆとりができた時、はたと気がついた。『復活』を見た途端、「いる」と思ったのである。戦後の村や女学校では、本に出会わないだけでなく、大人も子供も欲しいものを手にすることができないのが普通であった。それなのに、ほんの子供の私が欲しいものを「いる」と手に入れたのである。他の寄宿舎生が「いる」と競合するとは思っていない。お米幾らかで断られるとも思っていない。後にお腹がすくとも考えていない。衣食を得るのが一番だった時に、本当に手に入れるべきものなのか考えず、我慢することもなく、ただ手に入れることだけ考えたのである。咎められるような気がしたのはこれである。」

小さなとげのように心に刺さっていた後悔、ところが、後に友人が、「それは何でもひたむきだったからですよ」と言ってくれる。

ひたむきな心、純粋で自分の気持ちに素直。しかし、どこまでも、この行動は正しいのかと常に己に問う姿勢、人に優しく自分に厳しい先生の一面がいじらしいほどうかがえる。

そして、この『復活』は、さらに新しい意味を持つことになる。

友人と本の貸し借り

戦中の女学校では、農業動員や警戒、空襲警報などで授業もなくなり、たとえ教師がいても工場動員に付いて行き、自習になることが多かったという。そんな中でどのように学んだのか。

『ひらく 校長として女性として』に次のようにある。


寄宿舎の食糧事情はよくならないが、戦後は気持ちも軽く、本の貸し借りが盛んで、どこからともなく本が回って来る。鷗外の『うたかたの記』は、鷗外もドイツ三部作も知らずに読んだ。後に北九州森鷗外記念会に入り、鷗外研究や顕彰の仕事をして改めて読んだが、当時はただ読んだというだけであった。高山樗牛《たかやまちょぎゅう》の『瀧口入道』は、当時女学生の間で流行していたので。モーパッサンの『女の一生』は、女学生の必読書のような気がして読んだ。誰の本で次は誰に回るかわからなくてもよかった。不思議に他に回らずに残ったのが、『ヘレン・ケラー』『九條武子夫人書簡集』であった。すべて興味関心とは別の偶然によっている。

そして、一九四七（昭和二十二）年は、新学制の六三制教育開始、新制中学校発足の年。女学校四年生は新制高等学校一年にあたるとして、文科二クラス、被服科二クラス、普通科（実は理数科）一クラスになり、先生は文科に入った。その時のことを次のように書いている。

このころから学校全体、授業が増えてきた。明治大正文学史を受けた時は、これが高等学校らしい授業かと思った。俳諧の歴史と『奥の細道』の授業は、何か月も続いて興味を惹かれた。『徒然草』は手元に評釈書があるので存分に予習でき、『大鏡』は寄宿舎の友人が持っていて、いつでも使えるのだった。

校長の授業

そして、思いがけず、校長の授業を受ける経験をする。

珍しいことに、文科の国語の時間に校長の授業があった。『源氏物語』と古典文法である。
「いづれの御時にか女御更衣あまたさぶらひ給ひけるなかにいとやむごとなき際にはあらぬがすぐれて時めき給ふありけり」
私たちはこの冒頭の文の後、すぐ先まで暗誦する。校長からは、「いとやむごとなき際にはあらぬが」の「が」は、主語の「が」であること、主語の名が明記されないことが多いこと、冒頭の一帖が五十四帖のための設定であることなどの話があった。その後、文法を少しして「そのうち読め」ということであった。原文も訳本も無いが、その二、三年後『谷崎潤一郎新訳源氏物語』が出たので、友人に借りてすぐ読んだ。また、校長は詩の暗誦をすすめた。しかし、詩集があるわけでなく、借りて写していく。島崎藤村、北原白秋、リルケ、ブラウニングなどである。「千曲川旅情の歌」「落葉松」など、終わりまで暗誦した。

この校長の授業こそ、品川先生が後に中学校で行う全校校長講話の糧となった。そして、また、校長自ら行う授業の新鮮さにも目を開かせられるのである。

当時は恵まれた学習環境とは決して言えない状況であった。しかし、本の貸し借り、校長の古典の授業等「高等学校らしい授業」で、知識欲と向上心に富む先生の世界は広く豊かになっていく。

本の素晴らしさに開眼

女学校を卒業した後、食糧事情も好転したころ、期待して『復活』を読んでみたが、それほど感動しなかった。それでも他にトルストイの本をと思い、『戦争と平和』と出会う。

そのころ、戦争と平和についての論が盛んで、先生は哲学者谷川徹三ほかを読んでいたが、トルストイのものは小説である。きっと何かがあるに違いないと思った。

そして、読み始めるとすぐ引き込まれ、巨大なスケールと奥行きの深さに圧倒される。大事なことは次のところである。

読み始めてすぐに心を惹かれたのは、若いアンドレイが重傷を負い、病床から高い空の白雲を見ていて、人間の争いとは別の荘厳な世界に気づいたところである。

私は『復活』の縁によって、『戦争と平和』に近づき、本のすごさ素晴らしさに開眼させられたのである。

きっと何かがあると、追い求めていく姿勢はここでも発揮される。そして、もう一つの世界があることを発見する。本を通して。

今よく取り上げられる「エンパシー」という能力を持っていた。それも高いエンパシー、その力と、読書によって心に大きな別の世界を作っていくのだ。さらにそれは、後に「点は天がつけてくれます」という考えにつながる。グレートサムシングの存在を悟っていたのではないかと思われる。

「あこがれの君」との出会い

先生は女学校四年間のことを「女学校四年間は戦中と戦後にわたり、国中で混乱、困窮の時であった。」と回顧する。しかし、その中で生き方を決定づけられる次のようなことがあった。

私の女学校四年は、前半二年が戦中、後半二年が戦後になった。農業動員や上級生の工場動員に先生が付いて行き、男の先生は出征し戦後も復さず、授業が少なかった。

女性の先生は家事、裁縫など実技を伴う科目を受け持ち、割合年配の方が多かった。その中で特に若い女の先生がいた。

その先生は、今学んでいる女学校を卒業した後、難関校に進学し、母校の教師になったのである。科目は家政と保健救護で実技でなく、国語、数学のような濃厚な授業であった。いつも謙虚で、私と周辺の女学生は「あこがれの君」と呼んでいた。私とは年齢が数年しか違わない。「母校の教師になっている」先生は、まさに私にとってロールモデルであった。

その後、この先生は定年まで働き、その後も嘱託を続け、八十歳を超えて「働くことが好きな人生」であったという。

あこがれの君はその容貌や立ち居振る舞いだけでなく、生き方のロールモデルである。

「母校の教師になる」、これが最高の形であった。そして、その時は気づかなかったが、ずっと潜在的に先生の心の中にあり、後に、先生自身が、福岡教育大学で「母校の教師」となり、教壇に立って、男女平等のロールモデルとして、道をひらいていく。

女学校は近世への素地

そして、世界史のたとえを引いて「中世の女学校」と呼ぶ。『ひらく 校長として女性として』で次のように述べる。

女学校四年間は戦中と戦後にわたり、国中で混乱、困窮の時であった。私も女学校の四年間は不本意な思いをしていたが、本が無いなかで友人と貸し借りし、授業で古典の入口に触れたのであった。後になるとそれは暗いだけでなく、その時期はそれとして大切なものを育ててくれていたのだと気がついた。私の人生の古代ともいうべき東京、中世の女学校、その後の大学の明るい近世を考えると、女学校はやはりその後の素地を作ってくれていたのだと実感する。

どのような状況下にあっても本に触れたことを喜び、人生を歴史的展開に乗せて、来し方を前向きに受け止め、今ある自分を実感している。そんな前向き思考の先生である。

女学校最後の卒業式そして大学進学へ

一九四八（昭和二十三）年三月、品川先生の卒業式は、女学校という学校が最後の式になる。卒業式後の会でのこと、式場を退場しようとすると、音楽の先生が「また会う日まで」（讃美歌）を弾き始めた。その先生はクリスチャンで、卒業の祝いと去りがたい思いを込めたのであろう。知っている人は先生に合わせて歌い、何度もくり返され、その時はじめて「最後の卒業式」という実感がわき、皆で涙し印象深いものになった。

卒業は出発ということ。この後、品川先生は新制大学の一期生として大学に進学することになる。

㈢　新学制　男女共学大学一期生──「初めて」を重ね

初めての男女共学女子学生僅少

福岡学芸（現教育）大学は一九四九（昭和二十四）年五月三十一日に発足する。

大学一期の品川洋子先生たちは、旧制の学校を経て新制の大学で初めて男女共学になった。つまり、旧制中学校五年卒業の男子と旧制女学校四年の女子が同期ということだ（『ひらく　校長として女性として』より）。

女学校と中学校は、修業年限だけでなく履修科目にも違いがあった。女学校は家政、被服などの科目があり、国語、数学、英語などの時間数が少なく、学力差があるのではと危惧する向きがあった。ところが、意外なことに学力も考え方も男女差を感じることは無かった。一年次が終わるころには、知性、品性、学力などは性の違いより個性の違いであるとわかってきた。昭和二十年代の女子学生は、新学制のもとでのびのびと過ごしていた。颯爽としていたように思う。

知性・品性・学力

ここでは、「知性、品性、学力」の順番に注目したい。人としての高さ、格は何によるか、教師に必要なものは「一に知性、二に品性」という考えは、旧制の女学校を経て新制大学に進み「初めて」の男女共学を経験する中で育まれていくのでいる。

そして、男女共学で学んだからこそ、実感として男女平等が肌身でわかったのである。この確信が義務教育でこそ、根幹にしみこませ実感を伴って理解させることの重要性を説く時のエビデンス（根拠）となる。エビデンスは数値とは限らない。むしろ、時には、こうして皮膚感覚で感じることの方が説得力をもつのである。

「のびのびと、颯爽としていた」女子学生。これまで「女は、女子は」と言われてきた世の中に、男女平等を高らかに宣言するのである。私は、ここで「その子二十　櫛に流るる黒髪のおごりの春の美しきかな（与謝野晶子）」を思い浮かべてしまう。

大学の文化祭で条幅を出品

一九五〇（昭和二十五）年十九歳、新制大学二年次に教育実習があり、その後、大学として第一回の文化祭があった。先生は書道の作品として、寮で何度も条幅を書き直して出品した。

当時珍しかった児童文化部の創作や宗教研究部のフランス人神父による完璧な日本語での講演など、文化活動が活発になっていた。

男女共学の新制大学には新生の空気、多文化の環境があったことがわかる。そして、その中で敢えて書道という日本伝統文化を出品した先生、伝統文化を大事にしていた姿勢が表れる。

寮生活の次のエピソードも先生の勉学に対する向き合い方がわかる。

カントの散歩　倫理学の藤井種太郎先生

大学二年次の女子寮のエピソードを『ひらく 校長として女性として』より引用する。


二年次、寮に変化があった。武徳殿は中央廊下を区切りにして北西側が男子寮、南東側が女子寮になった。女子寮生は室が足りないので、別館にも何人か入ることになった。私ともう一人の寮生は、別館玄関脇の四畳半に入った。

その廊下一つ隔てた八畳の間に、東京から藤井種太郎先生夫妻が入られた。先生は元宮中顧問官皇子御養育掛長で、大学での担当は倫理学である。先生の部屋では大学の先生方の読書会、寮生の輪読会がある。女子寮生は時々奥様からお茶に招かれて話を聞くことがあった。先生は朝、決まった時間に散歩されるので、寮生は「カントの散歩」と呼んだ。

先生の倫理学でレポートが出た時、私は罫線のないＢ４判の紙に万年筆で小さい字で一字も訂正せずに書いて提出した。

当時提出したものは返されなかったが、特別に「これは記念に持っておくように」と返してくださった。当時、重厚な倫理学の本を何とも思わずに読んで書いていた。今見るとよい記念になっている。私が卒業した後、先生は福岡学芸大学の第二代学長として福岡市に移られ、任期満了後、東京にお帰りになった。

1951（昭和26）年　福岡教育大学田川分校２年生修了後　後の２代学長藤井種太郎先生と左洋子　背後は田川分校の塀

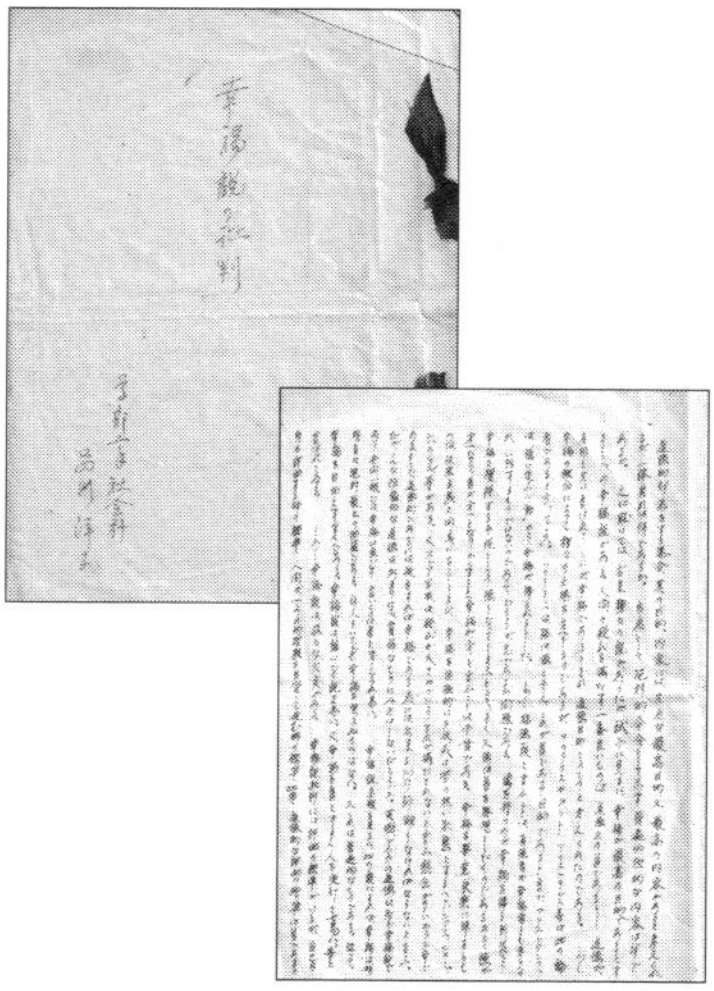
1950（昭和25）年　大学２年次　藤井種太郎先生が「記念に持っておくように」と返してくださったレポート

「カントの散歩」何と知的なネーミングだろう。ドイツ人はルールに厳しいと言われる。『純粋理性批判』を真剣に学ぶ洋子の姿、そして、提出されたレポートに舌を巻く藤井教授の姿が想像される。完璧に課題を仕上げる、一流の仕事ぶりはこのころからのものであろう。特別に「記念に持ってくように」と言わしめる完成度の高いレポート。何事もゆるがせにしない向き合い方、勉学に対する情熱が伝わるエピソードである。

極めて少数の女子学生

一九五一（昭和二十六）年二十歳、大学三年次は、本校進学ということで、福岡市の校舎に入る。女子学生が極めて少ないが、女子寮はあるのだった。『戦中戦後 少女の日記』から抜粋する。

「同年四月十六日、福岡学芸大学三年次生の本校第一回進学式がある。まだ本校舎が無く、福岡市の西公園（現中央区）近くの旧福岡第一師範学校校舎である。私はその近くにある寮に入る。本校進学式の前日、私のほか入寮希望者数人が集められた。旧師範学校敷地内の使われていない小さな一軒家を女子寮にするという。そこで、戸を開け、ガラス戸を洗い、柱、床、畳を拭き、殺虫剤ＤＤＴを真白くなるほど振りかけ、ようやく人が住めるようになった。夜、皆疲れ果てて一言も話さず眠り込んだ。三年次進学当初、女子学生が少ないため、女子寮が無いのではと危惧していたので、これでも喜んだのであった。

四年次は、大学本校が塩原（現南区）にできたため、旧福岡第一師範学校の校舎が空いた。女子寮は奥の二階の教室を半分に仕切って畳を敷き、寮生二人ずつが入ることになった。室は広く前年度より遥かに快適であったが、大学本校が遠く、市内電車、郊外電車を乗り継ぎ一時間かけて通うことになった。
私は東京からの疎開により、女学校の寄宿舎と大学の寮を合わせて五か所で約八年過ごした。この生活を先生は「時に狭く、時に快適といろいろだったが、当時は通学難、住宅難で学業を続けられればそれで十分という気持ちであった。」と捉える。

知足の精神、これは、快適に快適にと文明が進む現代人に求められる精神の一つであると思う。学業を続けられれば十分というこの気持ちを私たちも大切にしていきたい。

卒業時に女子学生比率六・五パーセント

現在は大学四年が当たり前であるが、当時は大学二年修了で教職に就くことができた。大学三年次、四年次まで進学する学生は少なく、いろいろな人がいた。

社会に出て編入学した三十歳近い男子、すでに結婚している人もいた。その中の女子学生は男子旧制五年制中学校卒に対し、女子旧制四年制女学校卒のため、女子学生は通常の年齢より一歳若かった。従って、大学一期卒業は女子二十一歳、男子は二十二歳かその上の人たちである。

ここで大学一期の中で女子学生を見ると、全二百余人中、女子は十五人である。女子学生の比率は六・五パーセントである。専攻課程は中学校教育課程国語科二人、社会科一人、理科二人、家庭科三人、体育科一人と、小学校教育課程六人である。次の年度の二期生の女子学生は、僅か三人である。男女共学一期生として、先生方が特別に各分校の女子学生に、本校への「進学試験」を受験、合格して三、四年次への進学する道を勧めて、初めてこの人数になったようである。もし先生方の勧めが無ければ、女子学生は一期生一人、二期生三人であったかもしれないということである。

新制大学発足直後の全国進学率は

ところで、新制の大学が発足してすぐの全国の進学率はどれくらいだったのだろう。

文部科学省の学校基本調査の統計では、一九五四（昭和二十九）年（六期生）が最初で、男子一三・三パーセント、女子は二・四パーセントである。女子が一〇パーセント台になるのは一九七三（昭和四十八）年であるから、一九四九（昭和二十四）年度入学の一期生として進学する人は随分少なかったのである。先生はここに該当する。

変則的ではあるが、当時の様子を伝えるために引用する。

「このころ、男子学生は皆、角帽を被っていた。女子学生は、左角に房が付いているのを持っていたが被ることはなく、友人

1953（昭和28）年　福岡学芸大学第1期生卒業式の門の前で
この大学名の看板の写真は珍しい

と記念の写真を撮りに行っただけであった。

入学式は七月から四つの分校毎に行われた。田川分校は、私の日記に七月十四日に行われたとある。それから休みになり、九月から始業で、初めてカリキュラムを組む。

男女の共学は、一九四七（昭和二十二）年度の新制の中学校、翌一九四八（昭和二十三）年度の高等学校発足から普通のことになる。

校長免許状の単位を取得

さらに、「初めて」「当時、珍しいこと」は続く。品川洋子先生は、校長免許の科目が開講されると、すぐに受講したのだ。そして、校長免許状の単位を取得した。そのことを『ひらく 校長として女性として』から抄出する。

校長免許状の単位を取る

大学本校に来て、免許状のことで新しいことを知らされた。これまでの取得予定のほかに校長免許状があり、卒業までに取得できる科目を開講するという。

父が、「東京でただ一人女の小学校長がいる。木内キャウ先生といって、なかなかの方らしい」と話していた。現在の板橋区の志村第一小学校長で、当時の私の家とそう遠くないところである。父が話題にするので女性小学校長は割合身近であったが、まだ自分のことと思っていなかった。

　ところが、大学在学中に校長免許状の科目が受講できるとなると、校長になる可能性があることになる。私は男女共学大学の一期生として、女子学生が全体の六・五パーセントと極めて少ないのを残念に思い、男女の学生に資質の違いが無いのを実感していたので、校長免許状を取ろうとすぐ受講手続きをした。

　当時の教育職員免許法（昭和二十四年五月三十一日　法律第一四七号）には、校長、教育長、指導主事免許状があった。その施行規則によると、校長免許状には教員普通免許状の科目のほかに、教育評価、学校教育の指導及び管理、教育行政学、教育社会学及び社会教育などを修得することとあった。これらの科目のうち、特に教育行政学は興味深く受け、卒業までに全科目必要単位を取得した。

　その後、免許法の一部改正（昭和二十九年六月三日　法律第一五八号）によって、校長、教育長、指導主事の免許状が削られた。これにより校長免許状はなくなったが、必要科目を受けたことで、校長の役割を十分考えることができた。私は、当時から女性が校長になるのは特別のことと思わなくなっていた。


「女性が校長になるのは特別なことと思わなかった」という発想、「ジェンダー平等」という言葉さえ聞かれなかった時代である。改めて品川洋子先生の未来を遠く見通す見識の高さに舌を巻く。

お姉様のこと

ここで、先生がいかに深い家族愛に護られてその道を進んだか、そして、それに深く感謝しているかを語るエピソードを挙げたい。それは、先生の大学三、四年次進学で本校のある福岡市に行く時、一九五一（昭和二十六）年四月、十九歳のことである。

その部分を引用する（『戦中戦後 少女の日記』より）。

姉は「本校に行くのはもう大人だから化粧がいるのでは」と化粧用具一式を贈ってくれた。私が自分で決して買わないものである。そのころ、分校修了の十九歳で教職に就く人が多く、一般的に大人扱いであった。本校が始まると度々学用品や食糧品を届けてくれた。（中略）姉は東京ののどかな子供時代を共有し、戦後の苦難な時期に強く後押ししてくれ、母を亡くした後の長い年月、心の拠り所になってくれた。生涯姉への感謝は尽きることがない。

このお姉様は、二学年上で女学校を卒業後五年たって、大学進学を思い立たれた。当時は女学校卒業後は戦後すぐのため進学先が無かったという。大学進学のための試験を受け、短期大学へ進学された。当時の進学制度ではこれが精一杯であったという。戦争の影響は学びたい若者に、大きく暗い影を落とす。

その後、福岡県立学校の教師を務められ、二〇二一（令和三）年九十歳を超えて天寿を全うされた。心からご冥福をお祈りしたい。きっとこの本の上梓について、天国から今もお支えしてくださっているに違いない。

茨の道　遠藤周作『影に対して』との重なり

新制大学一期生、かなり特別な存在であった。茨《いばら》の道であったと思う。

原稿が二〇二〇（令和二）年に発見された遠藤周作の作品を思い出さずにはいられない。それは、『影に対して』という作品である。先生は、そこに出て来る「砂浜」を選んで歩いていくのである。安定した「アスハルトの道」を選ばず、「振り返れば足跡が残る砂浜」を歩き始めたと言える。しかも、「もっと勉強がしたかったから」がその理由である。

困難と思われる歩きにくい砂浜。しかし、もしかしたら、先生には、素足でスキップしながら歩きたくなる渚だったのかもしれない。

それは次の「私は、当時から女性が校長になるのは特別のことと思わなくなっていた」という言葉からもわかる。校長への道のスタートである。

そして、いよいよ大学四年次、二十歳と日本の国際社会への復帰の年が重なる。

㈣　卒業論文 ── ひたすらに探究

日本独立の年に卒業論文作成に熱中

卒業論文作成は、大学で最大の山場であった。この経緯をまとめてみる。

一九五二（昭和二十七）年、大学四年次、二十歳である。四月にサンフランシスコ平和条約が発効した時であった。

本校に進学すると、俄かに卒業論文が問題になる。本来、卒業論文は既定のことであり、所属課程の中で専攻が次第に決まるところだが、一期生はそうはいかなかった。

一、二年次と、三、四年次は大学所在地が違い、教授陣容が異なり、卒業論文は新しく三年次から取り組む形になっていた。

その上、旧制大学出身の若い先生方は、「論文はまだ誰もやっていない独創的な研究であるべき」とおっしゃる。大学一期生であった品川先生は先輩の卒論体験を聞くことも論稿を見ることも無い。それでも真剣に考え、本気で取り組む決心をするのである。

旧制大学で学んだ先生方にとって、新制大学のレベルはどのようなものだったのであろう。恐らくかなりの違いがあったのかもしれない。それでも、大学の先生方の期待に応えようと、本格的なものにしよう、少しでもレベルの高いものにしようと挑戦する。

しかし、ここで第一の壁が立ち塞がる。予想以上に大変な資料不足である。大学の蔵書は心もとなく、福岡市中心街の書店も大きくない。そこで、さしずめ東京なら神田神保町の辺りと思いながら、市内東部の九州大学前の古書店を一軒一軒回るのである。

その時の様子を『ひらく 校長として女性として』の中で次のように振り返る。

店内で図書館のように座り込んで読んでいても、店主から何も言われない。スカートの汚れも気にせず長時間そこにいたが、なお見つからない。こうして日を過ごすうち、他の大学図書館にはあるのではと思い、大学本校の図書館で相談すると、県内大学図書館相互貸借規定というのがあると知らされた。早速適用第一号の書類を持って市内東部の九州大学、西部の西南学院大学に行ってみた。しかし、本は見つからない。

当時、一般書はもとより専門書は数も種類も予想以上に少なく、研究紀要などの学術文献を見ることは極めて難しかった。どの論文テーマにしても資料不足が深刻で、ようやく所在がわかっても入手手段はさらに至難なことであった。今日のようなコンピューターによる文献検索のシステムは無く、本の末尾に記してある参考文献を頼りに次から次の本へと探していくのだった。

執念が実り、ついに研究者を発見する。秀村欣二先生であった。福岡市出身とあったので、先生はすぐに手紙を出した。あて先は東京都文京区本郷東京大学である。テーマについての示唆と資料の所在をご教示願いたいと書く。お忙しかったであろうが、何日かして返事が来る。テーマの意義と励まし、大きな方向性と資料の所在が書かれてあった。資料は意外なところにあった。そのことを次のように語る。

「告白ですか」貴重な資料を遂に発見

資料は意外な所にある。夕方になっているのに、私はすぐさま福岡市の大名町カトリック教会に駆けつけた。赤煉瓦の教会の扉は閉まり、横のドアを叩くと黒衣の神父様が現れた。

私は勢い込んで来たのに急に言葉が出ないでいると、静かに「告白ですか」と言われた。時ならぬ時刻に真剣な顔をしていたからだろう。私はびっくりして、「いいえ、あの、その」と言いよどみ、やっと用件を述べた。「これを使いなさい。必要な人に読まれてはじめて意義があるのだから。終わったら返しに来なさい。借用書はいらない」と厚い本を快く貸してくださった。貴重な本のはずである。私は教会と縁は無かったが、その態度に打たれ、いつか「本を快く提供する人」になりたいと強く思った。

寮に一人残留して書いた卒業論文

そのおかげで、論文作成は一気に進む。世の中は年末年始と慌ただしくも華やかな時に移るが、品川先生は寮での執筆の追い込みにあった。帰省もせず寮の一室で無我夢中で必死に書いたという。その時のことを次のように振り返る。

> 卒業論文の締切が迫る年末年始、家に帰省せず寮で書き続けることにした。寮といっても使われなくなった古い校舎で、空き教室十部屋の一番奥の二階の室である。教室を二つに区切って畳を敷いて寮生二人ずつが入っている。
>
> 年末年始は誰もいない。私は一人で卒論を書いていた。昼も無人だが夜は漆黒の世界にただ一人、十日間書いていた。世界すべてが真っ暗で寒くしんとした中である。考えながら書くことだけに熱中していたので、不思議に恐怖を感じなかった。
>
> 後年思い出すと、寒さと恐怖、無謀極まりないことに胸が詰まる思いがする。

この「胸が詰まる」にはもう一つの意味があることを、品川先生へのインタビューで知った。

年末年始お正月はどんな時代でも特別である。家族総出で晴れの日を祝う準備をする。年中春風の漂う東京でのお正月

1953（昭和28）年　右は卒業論文
左は教職１年めの教育論文

は華やかで心弾むものであったに違いない。

時代とはいえ、戦後の不便、不自由の中、風習も異なる地で迎えるそれは華やかな浮き立つものとは勝手が違ったと想像する。その不便、不自由な生活の中で、年末年始は「せめてこれだけは妹たち三人に」と頑張っている姉を助けるべく奮闘しなければならなかったのに、福岡から帰らなかったのを後悔していると聞いたことがある。

しかし、一方で、新制大学一期生として後に続く後輩に良き伝統をという気持ちもあったと思う。多忙を極める家族への思いと、「初めて」の学生としての使命感、二つのジレンマに苦しんだことは想像に難くない。そして、品川先生は結果として後者を選んだことになる。そのことを「もう一つの心の痛み」とご自分で抱えておられる。

戦争という理不尽な状況で福岡に移り住み、そこで、初めて新制度による大学進学の道がひらけた。「初めて」の女性として、その生き方を模索しつつ果敢に挑戦し道をひらいていったのだろう。

そして、卒業論文作成の過程と結実までのこの体験が、大きな意味を持つことになる。この困難を克服して、覚悟を決めて、論文を書きあげていくことで、研究論文とは何かが腑に落ちるのである。研究するテーマを探究していくこと、そして、その成果として得られたことを客観化すること、正確厳密にある一つの真理に辿り着くまで考える習慣が身につくのである。

まさにベーコンの「書くことは人を正確にする」である。そして、これは教育の一つの柱となっていくのである。

論文の本質を学び取る

この卒論で学んだことの重要な一面については、次のようにも表現されている。

学生は卒業論文で何を学ぶのか、内容もだが研究の手法、論文の書き方などの方法論を学ぶのだと気がついた。私は『論文の書き方』『論文のレトリック』などを読んでいなかったが、卒業論文を書きながら体験的に方法論を学ぶことになった。情報検索、情報資料入手は今日と比較にならないほど困難であったが、方法論として探究し客観化すること、精密厳格に記述することは、いつの時も変わることはないと思っている。

その後、教職に就いて報告書や教育論文を書くことが増えても、卒業論文体験が生きて、書くことに抵抗がなかった。

道を拓いていく覚悟、ゼロからの卒論制作、無いないづくしの中でこそ、品川洋子先生の本領発揮である。私にはこの辺りはまるで謎解きを一緒にしていくような高揚感を感じる。また、「スカートの汚れるのも気にしない」「温かく見守る書店主」、物質的に貧しいが心に余裕があった当時を想う。

さらに、研究者がわかるとすぐに手紙を書く、行動が早い、出来る人はこうしてチャンスをつかみ取っていくのだ。

圧巻は「告白ですか」の神父様のお言葉である。

時ならぬ時刻に切羽詰まった顔、脇目もふらず、時には猪突猛進ぶりを発揮する、アルキメデスが「エウリカ」と風呂から飛び出したエピソードにも似る。

そして、ここで重要なことはもう一つある。

それは、記述というものの大切さである。論究されたテーマの内容と同じくらい、的確に書く、確かな論証に基づき、厳格に既述するということである。そうしてはじめて、その研究は、世の中に役に立つ意味をもつのである。研究してそれで終わりではないということ、そこまで辿り着く道筋、方法論を自分のものとしていく。


卒業論文作成における先生のひたすらに探究していく姿は、現在の教育の在り方につながる。二〇二二（令和四）年度から高校で始まった教育課程、「学習指導要領」において注目されるキーワードは「探究」である。課題解決のために深く思考する営み、体験的に学ぶということを既に実践されていることに驚く。また、これは、校長となられた後、生徒に学ぶことの意味を体験で実感させる「私の選んだミニ研究」にもつながっていくと刮目させられる。

そして、この過酷なまでの体験は、先生の教育者の核として、広がり、高められていくのである。

㈤ 中学校新採教諭―― 校長室の「ドアを叩く」

一九五三（昭和二十八）年、先生二十一歳、新制大学を卒業してすぐに小倉市（現北九州市）立思永中学校教諭として新規採用された。

「一晩考えたやり給え」新採教諭の心意気に応じた校長

一九五三（昭和二十八）年、思永中学校教諭として赴任。ここで、良き教師としての素地となる出来事があった。自ら「ドアを叩き」、より良くと道をひらいていくのである。

その時のことを『ひらく 校長として女性として』から引用する。

「新規採用時、担当教科の授業と学級担任のほかに、校務分掌として消耗品係というのになっていた。それ

思永館の蔵書印

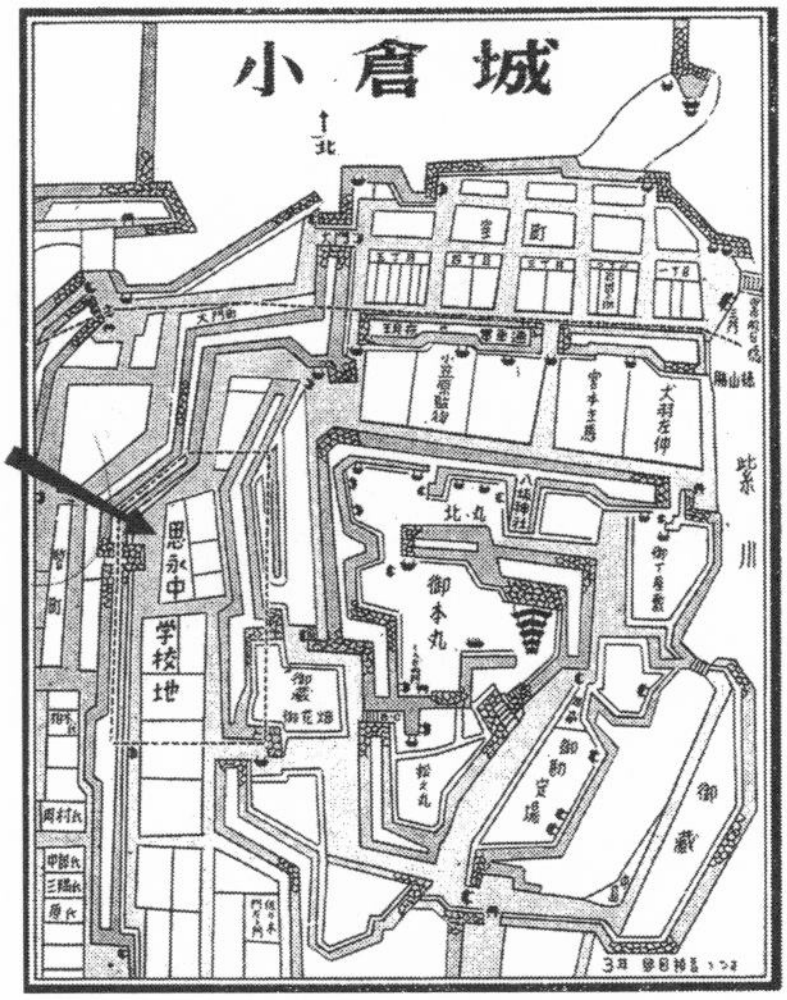

校名「思永」の元になった小倉城と現校地の位置図

はそれとして、学校図書館の係をしたいと考え、思い切って校長室のドアを叩いた。

当時、いきなりそのような申し出をする若い教師はいなかった。後で知ったのだが、校長は九州地区学校図書館研究大会を開くため、有能な教師に担当させようと考えていたのだという。そこに飛び込んで来た若い私に、校長から「一晩考えた。やり給え」と言われた。大学の先生が学生に対して言うような言葉だったので、私も学生気分でやる気になった。」

「組織を動かすのは人」　伯楽ありて名馬あり

人事は組織の要と言われる。

下重暁子氏は『極上の孤独』の中で、日本自転車振興会の会長となった経験、その経緯や活動について触れている。下重氏は外に向かって開かれた組織を目指し、女性を広報の参与に迎えてこれまでと違う打って出る広報を行った。そして、クリエイティブ業界で活躍する関係者の大きな目標ともなっているACC賞に選ばれている。また、女子競輪をガールズケイリンとして誕生させた。「組織を動かすのは所詮、人だという結論に至った」と述べている。

品川洋子先生を抜擢した当時の校長はまさにこれで、新採か否かを問わず男女を問わず、やる気のある人に仕事をさせる、組織の質を向上させていく、その校長の経営精神を、品川先生は後に校長となった時に、校長としてのバックボーンとして受け継いでいくのである。

学校図書館という窓から
折も折、この年の八月、学校図書館法が制定された。このころの活躍ぶりを『ひらく 校長として女性として』から辿ってみる。

どの学校も学校図書館をスタートを急ぐ

「当時はどの学校も、学校図書館をスタートさせようと整備を急いでいた。私は、この動きというより、学生時代に卒業論文で図書不足の苦労をしたことから、生徒のために本を提供する係をしたいという思いが強かった。

取りかかってみると、専用の室が無く、職員室横の廊下に書棚を置いているだけである。すべてはこれからで、まず校内に分散している図書を一か所に集め、新しく蔵書印を作り、蔵書ナンバー「1」から打っていった。

教科の授業と学級担任を受け持ちながら、合い間に学校図書館の仕事をするので、なかなか思うように捗らない。

六月のこと、風雨が激しく全校授業打ち切りになった日、この時とばかり近所の生徒数人と廊下で図書整理を始めると、すぐ校長に気づかれ、止められるということがあった。」

いつもひたむきで仕事に全力投球する教師であったことがわかる。

さらに、学校図書館係という小さな一つの窓から、学校全体を見る視点、組織がどのように動いて行くかについても会得していくのである。
そのことを、『ひらく 校長として女性として』で、次のように振り返る。

私は教科指導も学級担任も学校図書館の係もどれも大事なものとして、日時を忘れ、年を経るのも気づかず、「こんなに楽しくて給料までもらえるとは」と思う教師になっていた。もしもあの時、校長室のドアを叩かなかったら、また、校長が私に任せられないと言ったなら、その後の教職人生は別のものになっていたに違いない。校長室のドアを叩いたころから年輪を重ね、今度は校長になり、学校図書館が学校経営全体の上からあるべき姿になるように、後進の人に指導する立場になっている。私はいつまでも、あのドアを叩いたことを忘れずにいる。

まさに、「叩けよ、さらば開かれん」のとおり、ドアを叩き、道をひらいていったのである。

司書及び司書教諭資格取得、定年後へとつながる

学校図書館の係になった先生は、図書館の専門的なこと、図書館の正当なあり方がわからなければ、本格的な仕事はできないと気がつく。そして、司書教諭講習でなく司書講習の方を受けたいと考えた。思い立つとすぐ行動に移すのが先生の真骨頂である。

早速、九州大学の講習に出向く。大講義室を見渡すと、受講者は公共図書館の主要な立場の中年以上と思われる男性がほとんどであった。女性は探すほどしかいない。当時の写真を見ると先生を含めて六人が写っているので、十人程度、先生は二十三歳であった。

一九五六（昭和三十一）年に、司書教諭資格を取得した。当時、司書、司書教諭の資格取得の手立ては極めて少なかった。若年で数少ない女性の一人として得ることができ、責任と弾みがついた。「図書館の持つ社会的文化的意義とその職務について、系統的具体的に把握することができ、これから先の学校図書館のための力の源泉を戴いた」と述べている。

そして、このことがもとになって定年退職後、母校の福岡教育大学での司書教諭科目担当の講師をすることになった。

生涯の恩師奥山壽榮先生の授業再現

「黒板に書かれたことがすべてなら白いチョークをひとつください」という高校生の短歌が昔あった。しかし、品川先生はチョークのみで授業することはなかった。

図書その他の資料をよく持って行った。教科の授業で、学級指導の時間に資料を活用したり、本を紹介したりすることなどは、先生には当たり前のことであった。

その資料活用の例を『ひらく 校長として女性として』からいくつか挙げてみる。

社会科担当　図書の利用

一九五五（昭和三十）年度から社会科担当になった。この時は、全教科をとおして戦後教育の潮流の「なすことによって学ぶ」経験学習や単元学習が主流になっていた。私は授業を膨らませるため、図書、実物、その他の資料を持って行った。それらによって生徒がその教科を楽しいと思うように誘い込む。生徒が授業を期待するようになると、生徒、教師が相乗するように活気が出る。

社会科で次の授業をしたことがある。

単元「世界の各地方の自然と生活」の「ヨーロッパの自然」である。ヨーロッパ全部の導入の時間として、私はヨーロッパ全図の掛図、ヨーロッパの気候図、内陸水路図、各気候区のクリモグラフ、それに最近の新聞記事切り抜きを用意し、生徒にはプリント三枚のほか、問題解決用紙を配った。そのうえ、小田善一『ダニューブ川をめぐる国国』の本から、さまざまな川や運河を音楽名に合わせて読んでいくことにした。アルプスの雪解けの水、ライン川の「ローレライ」、ドイツの「野ばら」、ウィーンの「美しく青きドナウ」、そして「ヴォルガの舟歌」と、本そのままを読むだけでなく、パリのセーヌ川、ロンドンのテムズ川まで加えていった。音楽は時間がなく聞かせることはできないが、川の流れの速さ緩やかさなど一つずつ解説補足をしていった。その後のヨーロッパ学習の関心、意欲を高めることになったと思う。

黒曜石　実物の利用

教師が授業で使う資料は、当時学校にほとんど無く、私は日ごろからアンテナを張って集めることにしていた。現在は映像資料があるが、そのような二次資料でなく、却って一次資料としての実物の方がインパクトがあったようである。

昭和三十年代半ば、学校の職員旅行で大分県姫島に行った。宇佐駅から伊美港へ、そこから県道船という木造船に乗り、島に着いた。すぐ同僚と散策していると、黒曜石のある所があった。海近くの岩山で、黒というより灰色の石が露出している。露天に驚いて行ける所まで行くと、黒曜石の塊が幾つも転がっている。大きいのを急いで拾った。縦横十五センチ、高さ十センチくらいで、剝れたような形である。同僚三十人ぐらいが見ている中で、「これ、私がもらう」と言った。多少ためらいがあったが、授業に使うのだと持って帰ることにした。

帰りは、急に雨風が激しくなった。島から県道船までは十数人乗りの小舟に乗る。意外な海の荒れようで、同僚は「石のために海の神が怒ったのでは」「弟橘姫《おとたちばなひめ》の代わりに黒曜石を海に投げ入れれば」などと言う。私は「石で鎮まる海でなさそう」と言っているうち、県道船に乗り換えて伊美港に着いた。

その石を二年生歴史の原始時代の授業に持って行った。黒曜石は貴重な石器材料で、姫島は瀬戸内海唯一の産地として各地から石を求めて来ていたと話す。石は火成岩で、少し力を加えると剝れるように割れていく。灰色の石が薄い乳白色の光沢のある鋭いものになる。これが石包丁、矢じりになるなどと言いながら削っていくと、塊は少しずつ小さくなる。同じ年、五クラスの授業に行くので五回削る。生徒も面白がって削る。次はその後の二年生歴史の時間に持って行く。

昭和四十五（一九七〇）年、指導主事になると授業から離れ、持って行けなくなった。この黒曜石は後年、学校に寄付した。

雪舟の『山水長巻』複製絵巻の利用

また、雪舟の『山水長巻』の絵巻を授業に持って行ったことがある。東京から戦時疎開で福岡県に来て、戦後初めて東京に行った時、上野公園の東京国立博物館に行った。

そこで雪舟の『山水長巻』の複製小型絵巻を見つけ、買い求めた。二年生歴史、室町時代の授業に雪舟が出て来る。図版では、四季の一部分を見せることができるが、長い絵巻の雰囲気を伝えることができない。雪舟の複製の絵巻は約四分の一に縮小され、長さ百六十センチ、幅四十センチになっている。早速授業に持って行き、教室の端から端まで広げて見せた。

学校図書館の活用で心を育て自ら考える力を伸ばす

学級での読書の時間

思永中学校は、特別に週一時間、読書時間を設けていた。規定の各教科時数のほかに、リーディング・アワーと名付け、時間割にはR・Hと記して一学級ずつ図書館に行って読書する。各自自由に本を読んでよいが、時には皆で同じ本を読み合うことをした。

池田潔『自由と規律』のイギリスの個人の良識や勇気などを書いたのがあると紹介し、いつか読むとよいとすすめた。すると、生徒の何人かが実際に読んで来たのに驚いた。私はさらに、この二つのような特別な学校でなく、日本の普通の中学校について新鮮な感覚で書いた本を読ませたいと考えた。友情、学級、学校などの本を三十冊ばかり挙げ、紹介した。その後、生徒は新田次郎『風の中の瞳』、吉野源三郎『君たちはどう生きるか』などを読んでいる。後者は、主人公のコペル君に、「目前にとらわれず人としての道を自信を持って歩き行け」と呼びかけている。もっと、後になって読み返したという生徒もいる。

リーディング・アワーのためか、ずっと後に、思永中学校の卒業生の多くが、中学校時代ほど本を読んだことはないと言っている。

吉野源三郎『君たちはどう生きるか』という本は、令和の今、今日的意義が見直されて多く出版され青少年を中心に再々読されている。また宮崎駿監督の同名の映画は、これからタイトルを借りているといわれる。ここにも、先生の先見の明がうかがわれる。STEM（科学・技術・工学・数学）教育が言われて久しいが、ここにはART（芸術）を加えたSTEAM教育にまで通じる授業が見えてくる。きっと先生の授業では多くの生徒の感性が磨かれていったのではないかと思う。

㈥　中学校教諭十七年　「黄金の鍵」をいただく

一九五三（昭和二十八）年四月、先生は二十一歳である。大学を卒業して、すぐ教職に就いた。初任校は、小倉市（現北九州市）立思永中学校である。この時期に疎開以来住んだ京都郡の村から北九州の小倉に移った。ここで、得たという「黄金の鍵」とは何かについて、『ひらく　校長として女性として』から見ていく。

身も心も走っている毎日

この年一九五三（昭和二十八）年度、思永中学校の教職員数は四十六人、一学年は十学級あり、一学級はほぼ六十人。新任教師は女性三人と男性三人で、女性で学級担任になるのは私だけであった。一学年十組のうちの八組担任である。

私は女学校の経験しか無く、男女共学の中学校を知らず、教科指導も学級担任もすべてが新しかった。生徒と教師というより同じ位置に立って楽しく、身も心も走っているような日々であった。「学級は、皆が作り皆が楽しいと思うようになろう、そのうち親友ができる。一人一人よさがあるから伸ばしていこう、そのうちもっと自分のよさが発見できる」と話し、親和と意欲に満ちた学級を目指した。

　当時、中学校には女性教師が少なく、さらに教科にも偏りがあった。女性教師のほとんどは国語科、音楽科、家庭科などである。中学校は教科担任制のため学級担任をしない教師もいたが、私は学級担任をしないなど考えられなかった。学級は一、二、三学年と順調に持ち上がり、特別に連続して翌年また三年生を受け持つようにと言われることもあった。この中学校十四年間のうち、卒業学年を四回受け持っている。卒業時はどの年度も別れ難く、卒業後もずっとその思いが続いていた。そのうち、バレーボールのように一、二、三と打ち上げて向こうのコートに送るように思い切らなければと考えようとした。

　それでも、クラス会誌の発行や卒業生から「クラス会を」という声によって、結果的に卒業後五十余年、私が八十歳を超えてもなお交流が続いている。


校誌「思永」に掲載された生徒が描いた担任（筆者）の似顔絵

1962（昭和37）年

1966（昭和41）年

1967（昭和42）年

親和と意欲に満ちた学級、まさに、不易の学級経営を実践したのである。コロナ禍により学校に行けない状況のなかで、学校の存在が問われている。「友達に会いたい、話したい、皆で遊びたい、教室で運動場で授業を受けたい」生徒の切実な声は、生身の人と人が交流する学校こそ、心身の成長の場であることを教えてくれる。そして、そこは、ほっとする心の居場所であり、一緒に考え合い学び合い、その刺激でさらに伸びようとする意欲がかき立てられる場なのである。「人を浴びて人が育つ」学級を作り上げていったのである。

日々新鮮な十四年間　教育に没入して悔いない喜び

私は日々新鮮で、教科担当と学級担任に夢中であった。新規採用のこの年八月、学校図書館法が公布され、学校図書館が学校研究の主軸になっていった。私はその学校図書館の係に熱中し、時を忘れ、日を忘れ、年を重ねた。初任校には、人を奮い立たせる不思議な何かがあり、それが重なって火のように燃える年月であった。特に初めて卒業生を送り出した時、生徒の持つ可能性、凛々しさ、爽やかさに私も溶け込んで湧き上がる喜びを感じた。この感激は、教職を存分に生きる源になった。

と振り返る。

そして、教師として十四年間の若い日に、「思永」という校名から目前のことでなく「永遠を思うこと」と、教育に没入して悔いない喜びを心の奥まで生徒たちから受け取った。

と言い切る。さらに、

「三校の校長をしたが、教科指導、学級経営、学習情報資料の活用、そして、学校経営まですべての基礎がこの思永中学校で若い日に授けられたのであった。」

優れた学校の条件を自らつかみ取る

「若い日に授けられた」その日々の中で、つかみ取ったこととは何か。それは優れた学校の条件である。優れた学校とは、生徒が成長し、教師も成長する学校だということを、先生は思永中学校で体験的に知った。

「それは恋人の感情だ」……生徒に会いに学校へ

特に、最初の卒業学年の学級――一九五七（昭和三十二）年度三年九組は思い出深かった。先生が学校に行くのは、生徒一人一人に会いに行くことであった。ある時、同僚に「生徒の後姿、特に肩の辺りを見ると、何を思い何を考えているかわかる気がする」と言った。すると、同僚から「それは恋人の感情だ」と言われる。何かに憑かれたように生徒の一人一人に向き合っていた先生なのである。

文武両道の学級経営

授業が楽しく受けられる学級、休み時間が楽しい学級、困難も楽しくしてしまう学級である。また、生徒達は得意な問題を互いに出題し合ってクラステストをしたという。一つ成果を上げると、それに関連するように、ますますいい学級になっていく。教師と生徒が一緒になって好循環を回していく、担任の醍醐味である。

楽しいエピソードがあるので、『ひらく 校長として女性として』より抜粋する。

紅白のテープカット

校舎は発足時から、倉庫に窓を付けた教室であったが、順次、鉄筋校舎の建設が進んだ。三年生十二学級のうち十学級が新校舎に入り、後の二学級は一学期ごとにくじを引いて旧校舎に残ることになった。私のクラスは三学期に旧校舎になった。旧校舎は離れた別棟で昼なお暗い。ところが、生徒は残念がらず、渡り廊下を上履きのまま行けるように踏み板を調達してきて、いよいよ旧校舎に入る時、紅白テープを張ってテープカットをした。黄金のはさみでないのが残念、などと笑わせていた。冬の補習が終わって教室に帰ると暗く、寒さも常であったが、生徒たちは屈託なく元気だった。

文化祭の壁新聞コンクールでも学級新聞「一葦」が一位

学校は毎年秋に、学級ごとの壁新聞コンクールをしていた。私のクラスは、新聞名「一葦（ＩＣＨＩＩ）」をパスカルの「人は考える葦である」から取り、ロダンの「考える人」のカットを入れた。学級委員が中心になって、グラフや色鉛筆を多用して学級のさまざまなことを盛り込んだ。この「一葦」がコンクールで「一位」

右：1957（昭和32）年　３年９組学級新聞
「一葦」文化祭で一位に
左：同年　体育大会で学級リレー優勝

になった。評に、「内容、編集ともに優れて、さすがと感心させられる」とあった。これがクラスの財産になった。

壁新聞コンクールの後、私はそれを表装に出し、長く保存している。卒業後のクラス会に、表装した「一葦」を持って行った。これには意気、誇りがこもり、いつまでも残る賞状のようになっている。


生徒の発想の何と豊かなことだろう。生徒たちが教室の真ん中でくっつき合って、問題作りをして、ころころと笑う合う様子が浮かんでくる。クラステストはきっとゲーム感覚で愉しみながら理解していったと思われる。教えることで理解が深まるものである。テストの作問、回答、学ぶ楽しさが伝わってくる。

それに、紅白テープ、きっとテレビか何かで開通式の模様を見て思い付いたアイデアだろう、「子どもは遊びの天才」。しかし、これは先生がいつも教材に創意工夫を凝らし楽しくわかる授業を実践していたからこそである。生徒たちは先生の背中を見て真似をして育っていくのだ。

卒業式は心が洗われる日

卒業式のエピソードも挙げたい。

この学年の卒業式は一九五八（昭和三十三）年三月である。卒業式は別れる日が近づくことであり、一日一日が惜しくて、いよいよ卒業近くに歌の練習が聞こえて来ると胸がつまる思いがした。

そして当日、卒業式が終わり十二学級全部が出て行くと、私のクラスの生徒は、すぐさま戻って来た。名残惜しいらしく七、八人くらいが自然に群がって、着物に袴姿の私を囲んで校内のあちこちで写真を撮った。後で見ると、歌声が聞こえてくるような表情の写真である。気づくと、広いグラウンドに私のクラスの生徒以外誰もいない。私は生徒を帰して一人校舎に戻ると、祝宴をしていて、もう終わりに近かった。校長やＰＴＡ会長が挨拶をしたとのことで、校長は「卒業式は、教師が一年で一番心が洗われる日だ」と言ったと聞かされた。

「アニー・ローリー」

翌日、謝恩会があった。終わって解散した後、誰もいないと思いながら教室に行くと、生徒がいて一斉に拍手をした。リボンで包んだものを「皆からの記念品です」と渡された。黒地に金線のオルゴールで、曲は「アニー・ローリー」であった。思いがけないことに、私は感激して顔を覆って泣いた。

当時珍しかった女の先生、そのことを生徒たちがいかに誇らしく思っていたかがわかる。子どもは喜んで誇らしげに担任の先生とのことを語る。保護者も担任は良い先生、女の先生が良かったと認めていく。男女平等を膚で感じ、家で話題にして、じわじわと大人たちのアンコンシャス・バイアス（無意識の思い込み）を外していくのである。

当時の生徒の姿、実感、これこそが「中学校でこそ、女性教師、そして女性管理職を増やす」ことの大切な根拠である。

卒業後も交流は続く　「知音《ちいん》」や「佳音《かいん》」

卒業させて終わりではない。もっと話したかったことやオルゴールのお礼を伝えたいという思いで、クラス会誌を作られた。

誌名の「知音」は生徒の発案、タイトルはそのお母様が書いたという。中国の『列子』の「伯牙《はくが》よく琴を鼓《こ》し鍾子期《しょうしき》よくこれを聴く」からで、語らなくてもその意を知ってくれる友という意味である。

次の卒業学年は「佳音」。「よい知らせ」という意味である。同じ教室で同じ仲間で学んだことが一つの温かい思い出になって繋がり合い、後々まで「佳音　よい知らせ」を伝え合おうとつけられた。その後は卒業生に贈る言葉を卒業式の日に贈り、会報は「峰」「道」というのを作られた。

度々開かれた同窓会で、十二学級もある中で、品川先生の周りに卒業生が多く集っていた。それを見た元同僚の一人が、「卒業後何年も過ぎると、卒業生がどの先生にどのような通信簿をあげているかがわかる」と言う。生徒からの通信簿を先生は笑顔で受け取るのである。

これらを通して、さらに絆は深まり、その交流は卒寿を迎えられてなお続いている。

そのひとつに、二〇二二（令和四）年には近隣の卒業生たちに、枝垂桜や渡り蝶アサギマダラの乱舞を見に誘われた。このように現在も、四季折々の自然を共に楽しんでおられるそうである。

関連して、興味深いお話も伺ったので、二つ紹介したい。

一つは、生徒の愛読書のことである。

先生のところへは卒業生からよく便りが届き、「中学時代を振り返るとあんなに本を読んだことはなかったと思います」ということも多いが、中には次のようなものがあった。

「昔、就職試験の面接時に愛読書を聞かれ『赤毛のアン』と答えたら、試験官がすぐにそれを書き留めているのがわかりました。このためかどうかわかりませんが、難しいと思っていた会社に就職できました」

思いがけない時に、中学校時代の読書が実を結ぶのである。

もう一つは、九州国立博物館の話である。

二〇〇五（平成十七）年、日本で四番目の国立博物館として九州国立博物館が福岡県太宰府市に開設された。品川先生の最初の中学校の卒業クラスのY・Hが主要な役職に就いた。品川先生が四十数年前、博物館学芸員資格を得ようと認定試験を受けた時、「九州に本格的な

思永中学校３年９組のクラス会誌「知音」

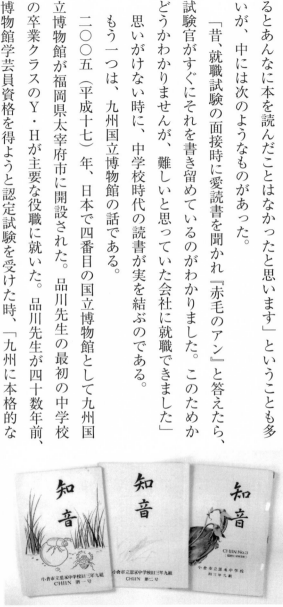

博物館を」と言われた博物館である。

彼が博物館全体の説明と奥の文化財補修の室まで案内をしてくれたそうである。さらに、二〇一二（平成二十四）年には、Y・Hのクラスの古稀同窓会で、生徒と共に太宰府散策をして、国立九州博物館に行って皆と喜んだという。

「黄金の鍵」とは

「黄金の鍵」について読み解くヒントを次の部分から考えてみる。

私の教職三十九年の間、教諭は二校十七年である。教職スタートから、学校が生活のすべてであった。中学生が本気になって勉学し、心豊かに自己を育くむことと共にあることは、教師として大きな喜びであった。いつの間にか教職に没入して悔いない日々になった。（中略）

十七年間を通して、教師とは何か、教師の喜びとは何か、教育に没入するとは何か、学校とは何か、学校経営とは何か、その本質的なあり方に触れることができた。教諭としてその中に存在しながら、個性の集まる共同体、校長を中心にした組織体、効果をあげる経営体としての学校と教師の役割を存分に学び取らせて戴いた。

次に、教諭時の実践とそれから導いた考え方について、校誌、教育関係誌、論文や著書などに記すことができた。これらがベースになり、その後、学校管理職の立場になってさらに進展させ、定年退職後も大学で講師として繋いでいくことになった。

このように見てくると、「黄金の鍵」とは、その後の全教師生活の扉を開く力のことであるとわかる。教諭時代をいかに充実させるかが肝要であること、そして、先生は、教諭時代の十七年間で、存分に学び取り、その力を得たのである。

教師と生徒が、教え浸り、学び浸り、ひたむきに日々を重ねて、黄金の鍵と深い絆を手にした。そして、先生が導いた読書は人を育て、つなぎ、心を豊かに、さらに世界を広げていくのである。

㈦　学校管理職二十二年の始まり

ここでは当時としても異例の早期就任であった学校管理職の始まりについて『ひらく　校長として女性として』から抄出したものをもとにして、見ていく。

新しい仕事へ

それは、一本の電話によって始まった。福岡県教育委員会からの打診の電話である。

一九七〇（昭和四十五）年一月、中学校教諭二校十七年が終わるころ、三十八歳のときである。福岡県教育委員会から、「一九七〇（昭和四十五）年四月に、糟屋郡篠栗町に福岡県教育センターが発足する。そのため各分野の専門担当者の候補をリストアップしている。教育情報資料担当の候補者として挙げてよいか」とのことであった。

一方、北九州市でも同年度に、北九州市立教育研究所設立が準備されていた。そんな中、結局、中学校教諭の勤務十七年の後、学校管理職の一つ、指導主事の職に就くことになった。

北九州市では校長、教頭、指導主事及びその相当職を学校管理職と呼んでいる。一九七〇（昭和四十五）年一月、中学校教諭二校十七年間勤務が終わるころであった。

当時、中学校社会科教師として授業と学級担任を続け、校務分掌で学校図書館の主任をして張りつめ充実した日々の中にあった。学校という教育現場を離れることにはなるかもしれないが、新しい仕事にも関心を持った。初めて聞くことなのに、私はほぼ即答に近く「私でよければ」と返事していた。

私が十四年間勤続した北九州市立思永中学校は、教育情報資料活用に関して先進的な研究校であった。当時、私は文部大臣賞を受賞した学校図書館の主任で、北九州市教育論文教諭個人論文「優秀賞」「特選」を受賞していた。他に小・中・高校を併せた研究大会での全体発表、教育情報資料の整備、活用の教育について助言講師などを続けていた。

また、司書、司書教諭資格だけでなく学芸員、社会教育主事の資格も取得していた。福岡県教育委員会の担当者はこれらを把握していた。

その前年、先生は県外教育事情視察派遣事業で出張研修として愛媛県に派遣されていた。先生の教諭時代の研究実績及び時間をやりくりして手にした資格、そして、今後の教育界の動向を当に先回りしていたことが学校管理職就任の要因であろう。向上心に燃え、世の中の先を見据える目と、いち早く必要とされる価値あるものを取りにいく実践力の賜である。

三十八歳で学校管理職のスタート

四月一日、北九州市教育委員会から北九州市立教育研究所（現北九州市立教育センター）指導主事にという辞令が出た。戦後の教育大学一期生を二十一歳で卒業し、北九州市立の中学校教諭二校十七年間勤務の後で、三十八歳であった。それは教頭相当職であり学校管理職ということになる。

指導主事四年、教頭二校六年、計教頭相当職十年、その後は校長相当職十二年で、合わせて学校管理職二十二年になる始まりであった。

女性の学校管理職は少数

一九七〇（昭和四十五）年四月、北九州市立教育研究所開設後、研究所長、指導主事のほかに数人の先輩女性教師を交えて懇談することがあった。

私は新任としての自己紹介で「この度、一つの転勤として」と言ってしまった。これはどうも適切ではなかったと気がついた。私としては、三月末の転勤を予想していた上、四月に新しく存分に働けそうな場が与えられたので、そこで精励するつもりであった。

しかし、当時女性教師が学校管理職に就くのは容易でないとされていた。そこで、特別な挨拶がいるようであった。

北九州市は一九六三（昭和三十八）年、五市が合併して政令指定都市として発足した。この年、小・中学校の女性教師数の比率は他の政令市より高いのに、女性教頭、校長は一人もいなかった。

「大きな川」いえ「普通の川」を渡る

一九六七（昭和四十二）年、家庭科指導主事に女性が一人発令された。全市全教科の中で、女性指導主事は初めてで、この胎動によってようやく女性の任用が始まった。

活力ある教育のために「女性が校長や教頭になるべき」と考えられたのである。また、少し前から「女性も管理職になるべき」という女性からの運動もあった。

この時期に、女性が管理職になるのは「大きな川を渡る」ことであり、岸の先も険しいといわれていた。しかし、私は教諭として存分に働き、それをベースにして教育の将来に向けて確かなものを持っていれば、女性が管理職に就くのは自然のことと思っていた。

「川を渡る」とするなら、それは普通の川で、跳ぶべき時には跳んで渡り、岸の先を拓いていくものと考えていた。


「大きな川を渡る」という世の中の感覚、「普通の川」と言う先生。時代が追いついていないことの表れである。先生は、先見の明を持ち、高い見識を自らの手で磨いていったのである。

「特別な挨拶がいる」という、意識の高いはずの管理職の会合でも、このような空気があることが当時の現実であった。


女性学校管理職は何ら特別ではないというものの

先生は一九七〇（昭和四十五）年、指導主事として辞令を受けた。教諭としての職責と専門分野の事績をもとに、教頭相当職の指導主事として新しく広い職務をせよということと考えた。その時の辞令交付式の様子を抄出する。

その辞令交付の式で、周囲にいたのは三十八歳の私より年齢の上らしい昇任男性教頭であった。この年、北九州市には女性の教頭三人、私を含めた教頭相当職の指導主事四人、計七人になっている。十年後の一九八〇（昭和五十五）年、私は校長相当職に昇任した。その辞令交付の時も、四十八歳の私より年上らしい昇任男性校長の中にいた。

学生のころから辺りに女性が少数なのは普通であった。私の校長相当職は養護教育センター所長である。女性の教育行政機関の長の例は、福岡県でこれまでなかったようである。全国の関係教育センター所長会議に出ても、他に女性は一人もいなかった。所長の後、校長三校、六十歳で定年退職するまで校長相当職十二年務め、学校管理職として計二十二年になった。

私は父母と姉妹の家庭、男女別学級の小学校、女学校と育ち、戦後大学が発足した一九四九（昭和二十四）年に初めて男女共学に身を置いていた。その時、現実に男女の違いが無いとわかり、大学で校長免許の単位を履修していたこともあり、「学校経営に当たる」ことの意義を考えることができた。

教職に就いた当初から、教師が男女を問わず管理職に就くのは、何ら特別のことでなく、普通の筋道と考えていた。

管理職になることを教職のスタート時から「何ら特別のことでなく、普通の筋道と考えていた」品川洋子先生。翻って、男女共同参画と大々的に声高らかに宣言しながら、遅々として進まず、ジ

エンダーギャップ指数は先進国最下位という不名誉な教育界の実態。義務教育段階の女性管理職のことは脇に置いて、「大学の女性学長を増やさねば」というフォーラムが令和四年になっても開催される日本の現実。この現実に、品川洋子先生は警鐘を鳴らしておられる。

女性の学校管理職就任の動き

女性管理職就任については『ひらく 校長として女性として』で次のように述べられている。

昭和四十年代はじめ、教育界のもう一つの大きなことは、学校管理職選考試験が開始されたことである。義務教育に携わる女性は多く、戦後一層その比率が高くなった。しかし、女性の校長、教頭など学校管理職への門戸は戦後わずかに開かれたままで、女性教師を学校管理職にという主張をしても容易に増えなかった。女性の学校管理職が増加に向かうのは、試験制度が始まり、女性が男性と同じスタートラインに立てることになってからである。

北九州市では一九六七（昭和四十二）年度末、正式には「北九州市公立学校等管理職候補選考試験」として始まった。この選考試験により、翌一九六八（昭和四十三）年度に女性の教頭が二人出た。私が指導主事になった一九七〇（昭和四十五）年は教頭三人、指導主事四人で、校長はまだ一人もいなかった。この年、北九州市の小・中・養護学校数は百六十七校で、教頭が各学校に一人いると計算すれば、女性教頭は全校の四パーセントということになる。校長は当然ゼロである。まだこれほど少数であった。

このころ、教職員界の風は激しく動いていたが、私は教育に何が大切か本質は変わらないと考えていた。指導主事として、これまでの一校内の活動から北九州市へ、さらに全国へという広い視野を持ち、二十一世紀という未来を展望し、その地点から奥行きまで考えていきたいと思った。


このように、先生、三十八歳。突然の電話から、教諭時代のような「課題に燃える」管理職二十二年が始まったのである。

(八) 教頭職十年――キャリアを重ね視野を広げる

北九州市立教育研究所指導主事に教頭相当職として就任したのは先生が三十八歳の若年であった。そして、これ以後、女性学校管理職の先を拓く役割を果たすことになった。

具体的な実績について『ひらく 校長として女性として』から辿ってみる。

教育研究所指導主事として

まず、教育情報資料室を最初から整えていった。これまで思永中学校図書館で蔵書印ナンバー「1」を押したように、ここでも蔵書印を新しく作り、蔵書ナンバー「1」を押した。以後何千、何万冊になる最初の記念すべき一冊目である。

ここで、特に力を入れたのは、研究紀要類、教育調査研究資料についてである。全国他機関と相互協力するため、全国教育研究所連盟の資料分類のルールに従って新しく整備した。現在のようにコンピューターでデータ化するのでないため、年度ごとに「図書・教育資料」という冊子目録を作成し、毎年各学校、機関に送付することにした。

新しいこととして、教育研究所所報の内容、デザインを一新し、新しい研究所の広報に努めた。次に、市内小・中学校の学校図書館担当教師の研修会を担当し、研修講話に加えて他府県の教育情報を知らせた。さらに社会教育研修会も担当した。教育研究所には社会教育研修担当者がいないため、社会教育主事資格を持つ私が担当になった。

教育研究所の調査研究事業は、研究主題を設け、市内教諭からの委嘱研究員を指導しつつ、成果を研究紀要に記すことになっている。私は資料普及事業担当なので、教育研究所事業としての研究が職務ではないが、これまでの実践に論理を

内容・デザインを一新した教育研究所所報

⋯→ 整えて研究論文を執筆することにした。

蔵書印を新しく作り、蔵書ナンバー「1」を押す。以後何千、何万冊になる最初の記念すべき一冊目。こうして新しい場所で新しい歴史を築いていく先生はまさに先駆者である。

「新しい教育研究所を」と、内容、デザインを一新し、新しい研究所の広報に努め、実績を見える形にしたのである。

スタッフ・マニュアル作成という発想

このように先生は教育研究所に勤め、全国の関係機関と連携し視野を広げていく。そして、今まで個人の経験や慣例に従っていることや、前任者がいなくなるとこれまでのことがわからなくなり引き続きが難しかった弊害を一掃するため、新しいことに着手する。

資料普及事業が軌道に乗るころである。事業の客観性、一貫性、継続性のために必要と考え、今後のために「教育機関資料・普及事業についてスタッフ・マニュアル」を作成した。

人の異動があっても組織がシステムとして動くため重要な土台を整えられたのである。

この発想は当時は珍しかったと言える。組織的に動くのに不可欠な指針を確たるものとして示すことこそが、組織を発展させるのである。

教育と医療のよき連携

一九七四（昭和四十九）年四月、教育研究所指導主事から北九州市立小倉養護学校教頭に転任。すでに教頭相当職であったが、一校の教頭としては初めてである。

養護教育とは、今日の特別支援教育である。この年、この教育を一九七九（昭和五十四）年から義務制にすると政令が出され、新しい対応が求められる時期であった。

この学校で、いつも真摯に取り組む児童・生徒と保護者に出会い、品性、学力に優れた教職員に出会い、教育と医療連携の熱意ある医療関係者に出会う。主に青年教師に対して療育センター機能を生かす研究をすすめ、研修意欲を高めることに努められた。

ここでの経験を、何より感動と体験から教育の幅と深さを知ったと感慨深く振り返られる。

教育論文　チームリーダーに

一九七七（昭和五十二）年四月、先生四十五歳、北九州市立足立養護学校教頭に転任。隣接する北九州市立療育センターに入院する児童・生徒の学校で、医療、教育の密接な連絡、調整を大切にした。

そして、学校研究として北九州市教育委員会委嘱研究を受け、一年次から三年次まで研究推進の核の役割を担う。研究テーマ「児童・生徒の実態の多様化に対応する確かな指導はいかにあるべきか」を設定し、教師の力量を高めながら研究を推進した。

研究発表会は、当時最も望まれたテーマとして大規模に行った。研究成果を教育論文にまとめるチームリーダーになり、北九州市教育論文の学校論文「金賞」を受賞した。学校研究の一方、教頭個人論文も執筆し「優秀賞」を得た。

品川先生は、教育界の混乱にあっても、諸課題に向かって真っ直ぐな新しい流れを作ろうと率先垂範された。当に「新しい革袋に新しい酒を」を力強く実践されたのである。教頭職は激務と言われる。その中で、刮目すべきさまざまな論文を生み出された秘訣は何だったのだろうか。

品川先生は、日々「よりよかれ」を重ね、理念実現の視点をもって集積し、検証すれば論文になり、事績になる。教育委員会のほか、各種研究学会、研究団体などが主催して、論文募集をすることがある。審査員はその分野の権威者で、上位評価の論文は印刷物として公表され、主催者によって顕彰牌が贈られる。

全国規模のものを『ひらく 校長として女性として』から抜き出してみる。

一九七二（昭和四十七）年度、教諭時のことをまとめ、テーマ「学校図書館運営高度化のための広報活動の考究」として、全国学校図書館賞（著作の部）個人論文「全国学校図書館賞」を受賞したことがある。ブロンズ像（桑原巨守作「あこがれ」）を受領した。前年度には、久保田彦穂（椋鳩十）氏が受賞している。

次に、一九八〇（昭和五十五）年、全国学校図書館協議会創立三十周年に当たり、それまで九州地区学校図書館研究大会全体発表、全国学校図書館協議会長賞、文部大臣賞等受賞の活動により、功績表彰を受け、「百万塔」（国立国会図書館蔵からの複製）を戴いた。

論文執筆についての考え

論文執筆についての考えを『ひらく 校長として女性として』より抜粋することができる。

このような中で、教育研究論文を書くのは容易でないと思われがちである。それでも、教師は日々「よりよかれ」と工夫改善をしている。それを流していくのでなく、メモを取ること、できれば簡潔な日記を書いていくとよいのではないかと思う。私は十歳から日記を書いていた。子供のころは子供の目で楽しんで書き、教師になると教師の目で記録の意味が加わって書くことになった。改善への意欲と方途を考え、「よりよかれ」を続けていれば、半年でも数年でも抽出されて来るものがある。そこから課題、仮説が生まれる。

時間は万人に平等に与えられている。目的をもって時間を生み出すのは、仕事の一つである。人は時間の連続で生きているが、幸い区切りの時期が用意されている。年末年始は特別の休暇があり、北九州市教育委員会の教育論文の締め切りはそのすぐ後ということが多い。

時間を生み出す

時間と上手につき合いながら書くことは、成長することである。「成長しつつある者のみ教えることができる」というのは、古くから言われていることである。

たとえ、論文という形にまとめられなくとも、ここには、日々を流されて生きるのでなく、簡単なメモでよいから、何らかの記録をしておくことの重要性が言われている。

記録されたものから課題が見え、解決に向かっていき成長する教師となる。それが、とりもなおさず、成長する生徒と寄り添える教師となることを意味するのである。

時間がないと言っている間はしないことに決めていると言ったのは確か夏目漱石だったか、「論文」を書く意義、「成長しつつある者のみ教えることができる」という言葉を、生徒の前に立つ教師は肝に銘じたいものである。

(九) 校長職で先進的教育への挑戦

"Beam with theme !" 絶えず課題に燃えて扉を開け続ける

指導主事、教頭合わせて教頭相当職十年の後、校長相当職に昇任する。

一九八〇(昭和五十五)年度、校長相当職として北九州市立養護教育センター所長で四十八歳である。校長相当職はこれから定年退職まで十二年間になる。

昭和四十年代から北九州市は学校等管理職候補選考試験が実施されている。昭和五十四年度、小問、論文から面接に進む。その中で教師の心がけを問われて、〝Beam with theme!〟から、絶えず課題に燃えて扉を開け続けると述べた。校長職昇任である。

この〝Beam with theme!〟について、少し補足する。

「課題」はまず課題として意識できることが大事である。状況を見極めて、今どのような課題があるのか課題意識を強く持つことで改善が図られる。次に「燃える」の意味である。これは燃えるが如く、打ち込む、熱中する、没入して取り組むということである。先生は、課題を正しく捉え、今何が必要かそのためにはどうすべきか、その目的、内容、方法について結論を得たら、没入して課題解決に向かったのである。

さらに特筆したいことは、この時の先生の心境である。一言で言うなら「さあ、仕事だ」と思ったということである。校長に登用されたということでともすれば、これから大変な覚悟がいると強いプレッシャーを感じたり、肩に力が入ったりする人が多い。しかし、先生は教頭として正当に職務を果たし、その先に校長の仕事があると校長になることを特別なことと思わなかったそうである。自らお祝いしたり気負ったりしたりすることなく、淡々と静かに意欲を燃やしたのである。

女性の校長職比率は五パーセント

この一九八〇（昭和五十五）年度、北九州市では女性の校長九人、校長相当職の先生一人を加えて十人、女性の教頭九人、指導主事五人で、計二十四人。センター所長は課長職で、女性の課長職は品川先生が初めてとなった。この年度の北九州市の学校数は、小学校一三三校、中学校六三校、養護（今日の特別支援）学校八校、計二〇四校である。仮に各学校校長一人ずつとすれば約五パーセント、教頭一人ずつとすれば約七パーセント。当時の女性の管理職の比率がいかに低いかがわかる。

1980（昭和55）年　養護教育センター所長（中央）と所員　連携する総合療育センターと施設名を併記

養護教育センター所長として

北九州市立養護教育センターは一九七八（昭和五十三）年に開設して一年半、品川先生は二代目の所長である。このセンターは北九州市立総合療育センターと併設され、教育・医療の連携によって特別支援教育の充実を図ろうとする、当時、全国的にもユニークな機関と言われていた。

教育と医療の連携というセンターの特性を生かして専門研修を充実させ、研究員制度と研究紀要発行を軌道に乗せ、研修・研究機関としての機能を高めることにした。情報提供と啓発のため全市の学校へ「センターだより」を定期発行し、センター設立の理想を現実のものとすることに努めた。さらに国際障害者年の記念講演、その他の行事を開催し、広く全市に啓発を行った。

医療と連携する養護学校で「アテネ」を目指して

品川洋子先生は、一九八二（昭和五十七）年四月、北九州市立足立養護学校校長として転任した。校長相当職の所長から、学校長としての初めての任に就くのである。

この年、北九州市内で女性の校長は小学校長六名、中学校長一名、養護学校長一名になった。

ここで、品川先生は、くまなく人の手と温かい心を行き渡らせて快い教育環境を作り、志気を高め、「かつて日本のどこにでもあり、今は希少になっている学校」を創出された。

ここで、特筆すべきことは、学校研究として、北九州市教育委員会指定交流教育研究校になり、「経験を拡大し豊かな人間関係を育てる交流教育の推進」のテーマのもと、全教師が知力と熱意を結集して取り組み、真摯と和気に満ちた熱い研究実践校にしたことである。

交流教育推進に当たり、企画段階から結果と今後の方向までを客観化し、「交流教育三段階システム」と名付ける方式を導き出し、他校でも実践可能なものにした。

また、一九八四（昭和五十九）年の研究発表会では、市内と関東以西の各学校から約五百名の参会者があった。発表は、交流教育の実践の継続性と他に汎用できる方式を示し、これにより、交流教育として特に深化した発表という反響であった。北九州という一地方の小さな学校から、全国のスクールモデルとなる交流教育を推進したのである。

さらに、これはもう一つ研究モデルともなった。

それは、この『研究紀要本編』の後、研究発表会の成果とその後の継続研究を加えて、『研究紀要続編』を執筆したことである。『続編』まで作成したことで、教育研究発表のあり方のモデルと評された。

これらの論文の内容は、他の研究機関に提供され、取り入れられることになった。

・北九州市教育論文学校論文「金賞」

一九八四（昭和五十九）年、「人権教育の教材作成と活用について」

自校独自の教材を作成、試用を重ねて有効性をまとめている。

・北九州市教育論文学校論文「金賞」

一九八五（昭和六十）年、「交流教育推進における実践と論究について」

北九州市教育委員会指定教育研究として本編、続編を執筆している。

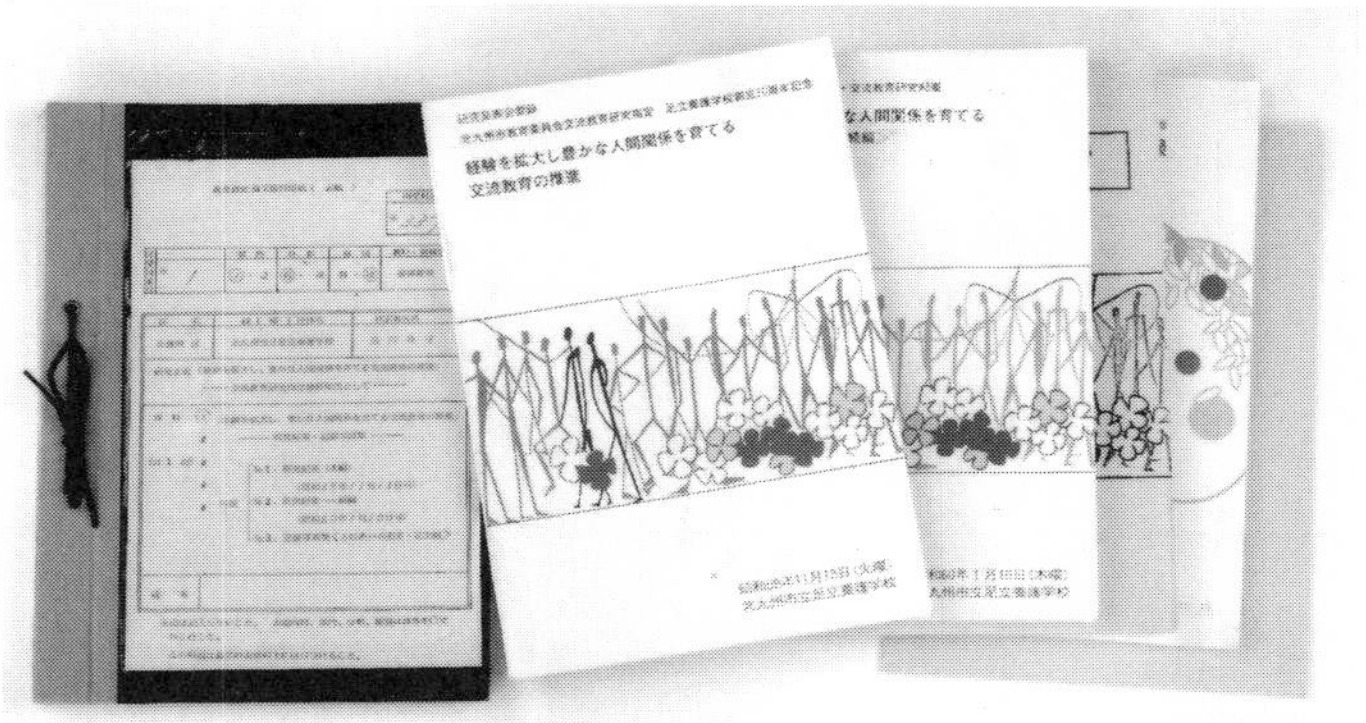

1985（昭和60）年　交流教育研究発表会の紀要本編の後に続編を作る

また、品川先生は、在任三年の間、青年教師の育成に力を入れ、共同研究、個人研究両方につき研究の日常化を進め、全校が「よりよかれ」の精神と相互が高め合う気風に変えていった。

後に、当時の青年教師五人全員が教頭相当職に就き、皆五十歳までに校長相当職になり、研究推進で全市的リーダーになった。

この温かくて志気高い雰囲気から、当時の教職員は、「足立会」という会を作り、毎年集まりを持ち、二〇二二（令和四）年で三十七年になる。

変化の激しい現代、どの社会においても「人材育成」は最重要課題の一つである。品川先生は、校長の役割として、児童・生徒が育ち、教師が育ち、次の学校管理職が自ら育つ学校が重要と主張されるが、まさに「有言実行」されたのである。

その時、青年教師だった五人は、すべて早く教頭、校長になった。その中の一人、中川伸也先生は、女性管理職品川先生のもとで勤務し、校長となり、福岡女子短期大学教授、学長となった。

この本の「つなぐ」のロールモデルといっても過言ではない。

後に、この学校でのことを次のように振り返る（『ひらく 校長として女性として』より）。

「教育研究の盛んな学校、医療と教育連携の先進的な機関とされる北九州市立総合療育センターがある。そこに入所している児童・生徒が通う学校である。善意と清冽な気が溢れていて、子供が子供らしく親が親らしく教師が教師らしい学校。そこで、シャープな研究と手作りの温かみを大切にし、〝よりよかれ〟と力を結集していった。

研究の日常化、系統化を図り、継続性を持たせて二度の研究発表会を行い、研究の厳しさを超えて楽しさ、充足感、爽やかな風がいつもそよぐような校風になってきた。児童・生徒が育ち、教師が育ち、保護者ともども心の故郷にしている学校。かつて日本のどこにもあり今ではほとんどなくなってしまった学校ではないかと思う。

社会の進歩は速いが、教育の対応はそれほど速くない。改革を進めるには、教育研究を組織的に定着させることである。研究姿勢があると、学校は前進し新鮮である。」

東京オリンピック二〇二〇で、浮き彫りになった今日的課題はダイバーシティー（多様性）とインクルージョン（抱括）といっても良い。これらの考え方が教育現場で導入された例の一つが特別支援という学校ではなかっただろうか。今からはるか四十年も前から、生徒一人一人が「翼」をどこでどう広げるか、生徒たちが生きる先を遠く見ながら、理論と実践を先進的に進めたのが先生であった。

㈩　都心型と郊外型中学校で本領を発揮

都心型の菊陵中学校長に転任　菊陵中学校ルネサンス

一九八五（昭和六十）年四月、北九州市立菊陵中学校校長に転任された。校名の由来は菊かおる丘、菊ヶ丘の地名から。この年に男女雇用機会均等法公布、女子差別撤廃条約が批准される。この年の北九州市の女性中学校校長は全市六十八校中二名で、その一人であった。小倉北区・南区では初めてである。

小学校校長より少数の中学校の女性校長、しかし、先生は女性だからと特別なことと感じることなく、校長在任中、積極的な姿勢で職務に臨まれた。

菊陵中学校の校章

1985（昭和60）年　菊陵中学校校長室で

当時の市政の柱に合わせ、都心校菊陵中学校ルネサンスを掲げ、まず、学校図書館の機能である読書センター、学習情報センターを作り、それを基地として活用する教育を推進された。その中で特筆したいことは以下の「校長講話三段階方式」と「私の選んだミニ研究」である。

▼「校長講話三段階方式」――集団読書▲

校長講話　その時間とテーマ

集団読書、自由読書は、先生が教諭としてスタートの昭和

三十、四十年代は週一時間であった。その後、このような時間は取られなくなったが、同一図書を読んだことは、卒業後何年も経って同窓会で共通の話題になることがあった。その経験から、校長となった先生は、校長講話「三段階方式」（集団読書）のために次の二つの時間を生かすことをされた。

全校朝礼時と学年集会の時の二つである。

まず、全校朝礼では普通、校長講話、生徒指導、保健指導の話、生徒会からの話などがある。そこで、校長講話を多く取れるようにした。

もう一つは、学年集会時である。学年集会の場合、学年主任の話を短くし、校長が作品を読む。生徒の心を育てることを意識して、学年の課題に関連する内容とし、例として一年生は友情について、三年生は進路についてなどである。

テーマは、全校生徒の場合と各学年別の場合とを考える。始めは人類愛、命や人権尊重など感動を呼ぶものにし、さらに、平和に関することから友情、国際理解など、深く心に迫るものにしていかれた。また、テキストの選定やテキスト作りも自ら行われた。

テキストも、市販のものでは作品選択の幅が限られると考え、自ら選び、作品の主な部分を抜き、後は話をして繋げられた。左はテキストの参考にされた本の一例である。

米倉斉加年《まさかね》『おとなになれなかった弟たちに』　偕成社

向田邦子『眠る盃』（一部）　講談社
高木敏子『ガラスのうさぎ』　金の星社
渋谷清視他編『母よ誰が』（一部）　金の星社
C・アドラー『銀の馬車』　金の星社

校長講話用テキスト　作成に工夫

テキストは、作品を選んでB５判数ページに刷り、その後に自由に感想や疑問などを書く用紙を加えておく。単にプリント数枚を綴じるのでなく、生徒が大切に扱うようにと必ず表紙を付ける。表紙はカラーケント紙に書名、学校名、学年・組、自分の氏名を入れる枠を作り、中身を綴じる。時にページ数が多く表紙に「『ガラスのうさぎ』ノート」とするように、本文のほかに参考になることを加えることがある。これらの印刷、半折り、綴じるまでを校長室清掃に来る生徒と一緒に、全校生徒分の六百部を作られた。

手作りの集団読書テキストには細やかさと効率の工夫が見られて、いかにも先生らしい。

全校読書の実施と感想の往復

……➤　まず、平和について指導することになっている週に、校長講話の代わりに集団読書をする。

1989（平成元）年　菊陵中学校で校長講話として全校読書をする

生徒が体育館に入るとテキストを配り、すぐ座らせて私が読む。生徒は静かに聞く。テキストの全部を読むこともあり、一部のこともある。

終わると時間が経っているので、その場でまとめを言ったり感想を聞いたりはしない。テキストの後に自由に書く用紙を綴じてあるので、感想や疑問を自由に書くように伝える。

次に、生徒が感想を書くと、担任をとおして私の方に来る。感想文と言っていないので、作者と比べ、他の本と比べ、自分と向き合って自由に書いている。中には、これまでと違う読書体験をすることができたというものや、内容の本質に迫り、心が動かされたというものなどがあった。人権週間の読書の後、「思い切って友達に声をかけ、働きかけをしてよかったと思う」と記したものもあった。

私は、生徒が書いたのを一週間かけて、一人一人に「○○さん」と呼びかけて返事を書き、学級担任をとおして返す。さらに、全学年から数点選んで抜粋して印刷し、次週に全校生徒に配付する。これは個別の返事だけでなく、他の人のも読んで、さらに思いを深めさせるためである。生徒との間接的なコミュニケーションであっても、生徒の個性や考え方に接することがある。また、生徒だけでなく、全体の傾向や問題点などを教師用に数枚にまとめ、指導用として配付することもある。これによって、学級で一層内容を深めさせることができる。

校長からの返事にまた生徒から返事が来ることがある。朝出勤すると校長室に「I love 校長」と書いた手紙が入れられていることがあり、楽しみな日が何日も続くことがあった。

これらの過程で望外の多くのことを得ることができたように思う。「校長と生徒」「校長と担任」「生徒と生徒」の間に読書を通した対話が生まれ、校長の返事にさらに返事が来て校長と生徒の距離が近くなった。

三段階方式と名付ける

これを、先生は三段階方式と名付けた。校長講話を重ねるうち、生徒がテキストをもとに読書する一段階、生徒が自分の考えや感想を書く二段階、校長からの返事を受け取ったり、次の作品を読んだりする三段階である。各段階を通して、生徒と担任、担任と校長の間で感想が行き来し、共に三段階を踏むことになるからである。

校長講話による本と出会い
そして次世代へ

校長講話（全校読書）は、そのねらいを、深く読み取ることより全員がまず「読む」ことが大切だと品川先生は言われる。自分から本に近づかない生徒に、読書センター、学習情報センターにこのような本があり、手にしようかという気持ちにさせることがねらいで、それを何とか続けて自主的読書を増やそうと意図された。

テキスト作りは毎週で、先生らしく、返事をすぐ出すうちに、生徒が何と言って来るか楽しみになり、時に生徒から励まされて、何週も続けることができたという。

全校一斉読書の３段階方式

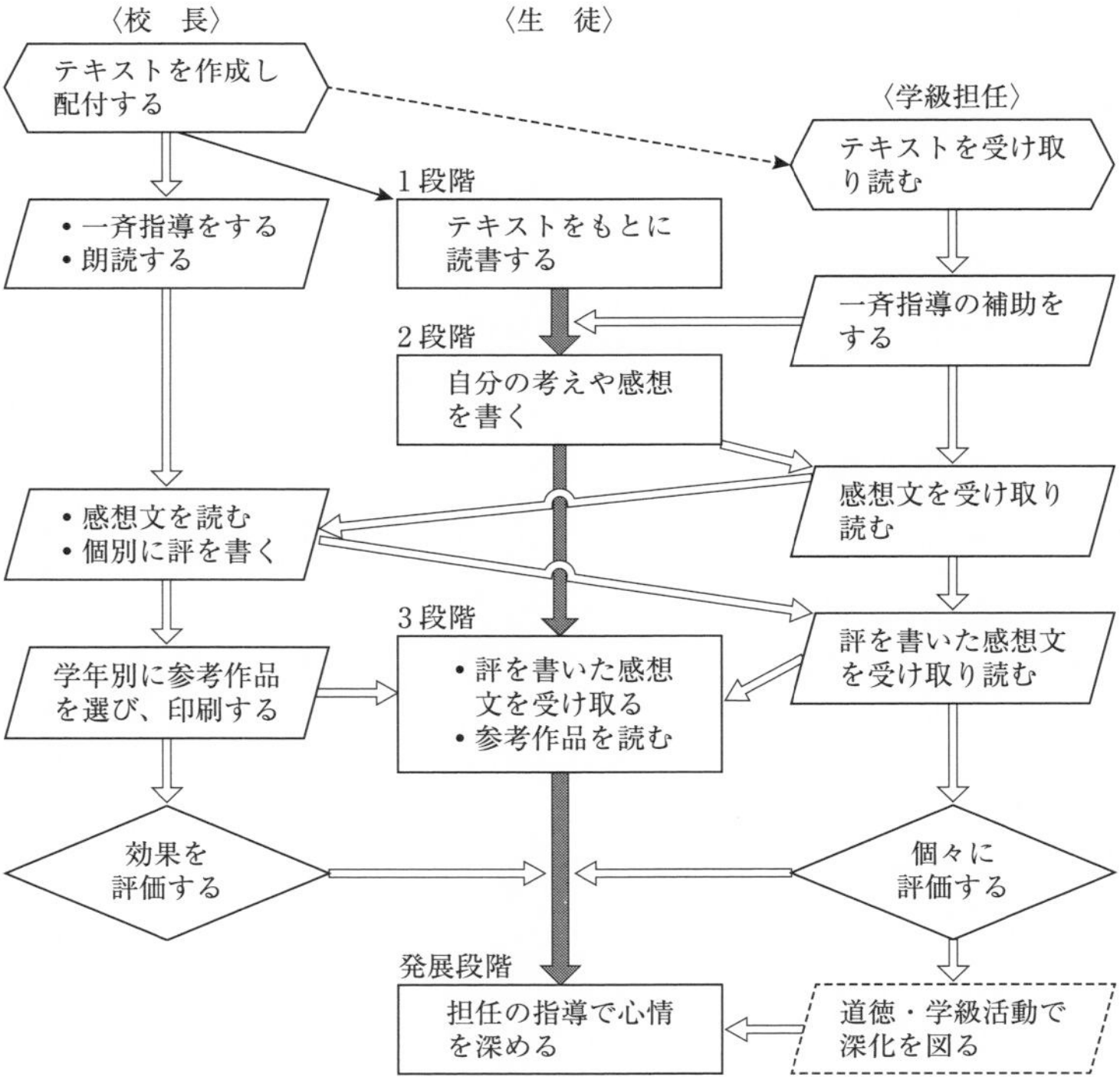

図書館にどれほど本があっても読んでこそ意味がある。生徒の今後の人生に、中学校時代に本と

のよい出会いがあるようにと、教諭時代からの思いをずっと実行されている。

有言実行の先生、職員や生徒との交流、心の通い合いを、校務の忙しい時間を工夫しながら、まさに率先垂範されたのである。

だからこそ、後日、北九州市が公共図書館と小・中学校が連携して実施している読書感想文コンクールの時に嬉しい出会いが起きた。

先生が主催者代表として入選者に表彰状を手渡した時のことである。

表彰が終わると、すぐ入選の生徒と保護者が一緒に先生のところに駆け寄り、何と「親子で入選したことがとても嬉しい。思永中学校時代が一番本を読んだ気がする」と言われたそうだ。

先生が種を蒔かれた花は世代を超えて咲き続けている。

▼「私の選んだミニ研究」――「点は天がつけてくれます」▲

主体的探究学習

自ら学ぶ意欲や自主学習の方法を身につけさせ、新しい時代に生きる「自己教育力」の基礎を育てたいと考えた先生は、生徒が自ら考えたテーマについて、学習情報センターを活用した主体的探究学習をすすめた。

『ひらく 校長として女性として』から抜粋する。

「私の選んだミニ研究」とは

「私の選んだ」——自分が興味関心を持って、調べようとしっかり考えてテーマを選ぶ。

「ミニ」——ミニチュア。テーマは小さくてよいから大事なことは省略せずにきちんと調べる。

「研究」——ねらいと計画を立て、資料を探し、結果を導き出し、客観的にまとめる。短くてもきちんとした形にする。

夏休みの宿題の自由研究とこの研究は性格、ねらいがかなり違う。疑問や関心を持ったテーマについて、幅広く関連の複数の図書、資料を使って調べ、一つの結論にまとめていく。全校生徒が残らず学習情報センターを利用することになる。

生徒の主体的学習のため6教室分に学習情報センターとして情報資料を集中させ、活用できるようにした

教科の課題学習やレポートに比べると、教科の枠を離れて自由な発想で自主的、主体的に学習できる。さらに、全校生徒一斉にする点で、集団の力学による盛り上がりや相互の刺激が期待できる。

ねらいは、「自主学習のモデル」を学ばせ、自分で「学び方、学ぶ力」を育てることであり、さらに、生徒が学習情報センターを自主的に利用する方法とその面白さに気づくことである。

この「私の選んだミニ研究」は主体的探究学習である。

「点は天がつけてくれます」

ある時、生徒が「これはどの教科の点になるのですか」と質問した。私は校長として明るく元気よく「点は天がつけてくれます」と答えている。

「総合的な探究の時間」の萌芽として

「私の選んだミニ研究」。これは、二〇二二（令和四）年に高等学校で「総合的な探究の時間」として、生きる力を育む要の学びとなっている。この教育実践はその萌芽とも言える。当時は、斬新な発想と着眼であった。五十年前にすでに実践されていたことに、ただただ敬服するしかない。

また、「点は天がつけてくれます。」という言葉は、常識にとらわれない、相対的な価値基準ではなく、より良く生きるという絶対的普遍的なものの見方に及ぶものである。

さらに、「学ぶ」ことの根幹が示されている。学校で学習する知識や技能はＡＩが肩代わりする。デジタル人材という言葉が頻繁に聞かれ、仕事の世界も大きく変わっている。「変人」は今は褒め言葉、一人一起業の時代である。一人一人の個性を伸ばし発想を広げる大切さを教えてくれる。

自分が興味を持つことを探究していくことが学ぶということ、それを「私の選んだミニ研究」は

1986（昭和61）年　菊陵中学校長として卒業証書授与式

教えてくれる。そして、そこで生徒が手にした探究的な喜びは、その後の人生を豊かにしてくれると思う。やらされ感ではなく、情報社会の中で自分で選び取り主体的に探究していく仕事とＡＩは共存共栄してさらに豊かな世界を作っていくということを示唆している。

校長の「個人論文」と「学校論文」ともに最優秀の賞を受賞

校長自らが中心となってこれらの教育実践及びその実践をまとめた論文は、次の表彰を受けられた。

北九州市教育論文　学校論文「金賞」受賞

　　　　　　　　　校長個人論文「特選」受賞

一九九〇（平成二）年　福岡県教育科学論文の部　学校論文「福岡県最優秀賞」受賞

そこで、福岡県教育庁で県代表として、菊陵中学校教校長が研究発表を行っている。

学校論文で、校長が学校代表として、その名が記されることは多い。だが、校長自身が学校論文とともに個人論文を執筆すること自体が非常に先進的なことであった。「校長も論文を」と率先垂範されたことに「教えること学ぶこと」の深い意義を覚える。

郊外型の大規模校曽根中学校校長に転任

一九九〇（平成二）年四月、北九州市立曽根中学校校長に転任。

校長職三校目、校長相当職としては十一年目である。郊外の大規模校であった。創立以来、学校への支援は厚く、生徒、教職員が熱心に築いてきた伝統のある広域校区の中心母体校である。

時代は平成に入る。ここでの学校経営は「楽譜から匂い立つ音楽を演奏していく」ことであったと振り返っておられる。

「学校経営は言うならば、与えられた楽譜をもとに、与えられた楽器でどう匂い立つ音楽を演奏していくかである。」というその信念のもと、澄んだ音色を響かせ合い、高まりゆくものにされた。

私はここで品川校長先生の下で働き、子育てをしながらの仕事に慈愛深い眼差しをいただき、さらに管理

1990（平成2）年　曽根中学校修学旅行引率　品川校長（中央）
奈良でクラス別写真

職への道をご教示いただいた。

先生が、校長として職員一人一人を育て、美しいハーモニーを響かせたことを目の当たりにして多くの糧をいただいた。それは、先生と出会った人の心にいつまでも鳴り響いていると確信する。

中学生へ「花の時を」

先生は機会を捉えては、心を込めて生徒に語りかける。それは、校長講話であったり、校誌の巻頭言であったり、学校新聞であったりさまざまである。私は、国語科教師として、いろいろな学校でそれらの編集に携わることが多かった。先生ほど、一言一句をないがしろにせず、丁寧に文章を紡ぎ出される校長を知らない。

井上ひさしの言葉「むずかしいことをやさしく、やさしいことをふかく」を思い起こす。一つの例を『ひらく 校長として女性として』から抜粋する。

北九州市立曽根中学校の校誌「いそね」三十八号の巻頭言である。


【中学生は花の時　自ら燃えて扉をたたき続ける姿勢を】

〈中学生のころは花の時です〉

中学生の皆さんは、未来に顔を向けて日々、成長しています。時には大人であり、時には子供である不思議な存在―。何かが開き、それでいて固いつぼみのような存在―。でも、確かなことは、可能性のかたまりということです。
内に何かができそうな予感があり、外から期待を持たれている時、それを花の時、と言います。咲き誇る前の清新の気溢れる時が、花の時です。中学生のころは、花の時です。

〈花の時に、生涯の力の基になる大切なものを育てることです〉

花の時に、これからの長い生涯にわたって大切な基になるものを、しっかり育てて欲しいと思います。それは、「自ら燃えて、扉をたたき続ける姿勢」です。
今、時代は、時々刻々、地球規模で変化しています。二十一世紀は、変化が激しく不透明で予見し難い社会と言われています。そこでは、すでに学んだ知識やすでに得た情報が役立つことは少ないものです。新しい課題に向かって燃え、扉をたたき続けて自ら成長させ続けることが大切です。

〈「課題に燃える」体験を持つことは幸せです〉

これからの時代、新しい課題は、次々に現れます。そういう時、過去のことやだれかのやったことでなく、自分で本気で気を入れて取り組めば、手応え、確かなものが得られます。自分で課題に立ち向かい、夢中になって取り組む時、開かないはずの扉が開かれ、胸いっぱいの充足感が広がり、心の深さ、心身の強さが生まれま

1991（平成3）年　生徒の自由な活動を見守る

す。「Beam with theme!」です。中学校という花の時、課題に燃える体験をもつ人は、幸せです。花の時、たいまつのように自ら燃える体験をした人は、長い人生で、どんな苦難があっても、自分で自分を励ますことができます。

〈「扉をたたき続ける」姿勢を持つことは貴重なことです〉

人生には、扉がたくさんあります。どの扉を選ぶか、どうたたいて開けるか、どのキーで開けるか、力を尽くします。一つのキーで次の扉が開くとは限りません。でも、オートドアでなく、自分の力で開けた扉の先は、自分のものです。その喜びをずっしり手にした人は、また次の扉を開けることができます。

花の時、扉をたたき続ける姿勢を身につけた人は、長くいつまでも成長し続けることができます。中学生は花の時、この時にどうかその基を身に付けて欲しいと願っています。

長い人生に、いつまでも華やぎがありますよう、念じています。

今から三十年余り前、平成に書かれたものである。ＳＤＧｓ等、地球規模で人類がひとつになって、課題解決に向けて取り組んでいる令和の現代にあっても、全く色褪せない真理が述べられていることに驚きと敬服の念を禁じ得ない。

弛まぬ研究論文をまとめ全国レベルでの評価

このことについて、『ひらく校長として女性として』の中で次のように述べられている。

曽根中学校は、校長として定年を迎え、退職する学校である。そこで、私はこれまで永年の教育活動と学校経営を総括して教育研究論文を執筆した。これまで市、県の段階の論文であったが、今度は全国段階である。また、福岡教育大学関係の教育研究会から教職活動全般について賞を戴いた。

一九九〇（平成二）年度、校長の時に、テーマ「多機能の学習センターによる魅力ある学校作りについて」として、読売教育賞個人論文「全国最優秀賞」を受賞した。

学校の全教育活動を豊かにすること、そのための力を結集する学校経営により、魅力ある学校にしていくことについて論述している。そして、このことが、新しい学力観に立つ確かな教育として全国紙、地方紙に報道された。東京の受賞式で副賞として「ミルトン額（大額）」を戴いた。

私は「ミルトン額」を持って五十年前の小学校の恩師奥山壽榮先生を訪ね、そこで待っていてくれた小学校時の友人と共に喜んで戴くことができた。

もう一つは、金苗教育科学教育研究会校長個人「金苗賞」の受賞である。

特別の賞で、福岡教育大学関係の教育研究会から、これまでの教育実践を総合評価されたものである。

北九州市女性学校管理職の会長としてメッセージを

女性の校長として、品川先生は北九州市女性（当初は女子）学校管理職の会の会長五年の締め括りとして、全国公立小・中学校女性校長会の理事を務められた。それとともに、福岡県公立学校女子教員研修会の実行委員長を務め、女性教師の力量の向上に向け、数々のメッセージを会誌「華」に贈られた。

その中から「内的権威と教育研究論文」についての部分を取り上げる。

北九州市女性学校管理職の会会誌「華」 1986（昭和61）年度から

内的権威とタフネスを

北九州市の公立学校等女性管理職の会の会誌「華」に、巻頭に「内的権威とタフネスを」と書いたことがある。

戦後、何十年も経つのに、まだ女性が自然に存分に生きられる成熟社会になっているとは言い難い。この時、仕事を持って生きる女性は、内的権威とインテリジェント・タフネスを備えていることである。内から滲み出る知力、気力、品性を持つことと、深い優しさと知的たくましさを備えていることである。そのため、いつも自己を成長させ続けていたい。その糧の一つは「読むこと」であり、もう一つは「書くこと」だと思う。

校長は論文を書くべき

私は中学校長の時、「校長は教育論文を書くべきである」と考え、人にも語った。一九八六（昭和六十二）年、北九州市教育論文個人の部「特選」を受けた論文の終わりに、付記として次のように書いた。

校長は、論文を書くべきだと思う。広範な職務の中から論点を焦点化して。特に課題が多いとされる中学校でも校長は、書くべきだと思う。校内にもっと研究の灯を掲げるために。今、心爽やかにペンをおく。

「校長は」とは、教諭に執筆を呼びかける前に、まず校長自身がという意である。「論文」とは教育研究論文で、小さなテーマでよいから視点と客観性の確かなものをということである。「中学校でも」は、他の校種に比べて中学校の執筆が少なく、これが普通とされることに対してである。「研究」とは、言うまでもなく日常の実践研究である。「灯を掲げる」とは、改善、進展させることである。「実践から研究、即実践」というのが教員の資質向上に欠くことのできない研修で、それが教育研究論文である。

研究の日常性

学校は生きている。現状を少しでも向上させようと思い、また、時代の先取りをしようとすれば、テーマは幾らでもある。解決や前進への願いがあれば、方法はたくさんある。願いは目標になり、仮説になり、改善の方途が生まれ、実践を重ね、結果を仮説に基づいて評価する。何より他への汎用性があるように客観化して記述する。これがさらに次のテーマ、仮説になる。大学で卒業論文に本気で取り組み、教職採用時から教育研究論文を書き、教育研究を日常化していれば、教育改善を日常化することができる。

私は大学一期生で、卒業論文を書く時は、資料が極度に少なく、先輩から見聞きすることもなかった。しかし、論文を書きあげることにより、論文の本質と方法論を自然に学び取ることができた。教職初任の学校は創造の気が満ちて志気高く、日常の延長として論文執筆ができるのであった。教育実践の向上に努め、それによって論文執筆ができるということが、自然に循環するようになった。そういう志気の中で、いつの間にか若年教師も校長も、内的権威が生まれて来るのだと思う。

1992（平成4）年　教職定年退職で　生徒との別れの日　花束やぬいぐるみに囲まれ

常に率先して自ら学び続け、課題に燃える先生は、新学制の大学一期生として「初めて」を重ねながら、中学校女性校長の先駆者として、時代の先を見つめ遠くを照らしながら歩み続けて行かれた。そして、一九九二（平成四）年三月で六十歳で定年退職された。この時の心境を次のように語っておられる。

「初任校から秀峰企救《きく》富士を仰ぐ学校まで、活気に満ちた生徒と共にいることができた。これからの生徒の成長と学校のますますの充実を念じながら、教職三十九年間、力を投入して悔いない年月を戴いたことに感謝している。」

(十) 母校の教育大学で講師――必修科目を担当

定年退職後　母校の教壇へ

品川先生にいくつか質問させていただいた。

Q「定年後は母校の教壇に立たれたのですね」

――そうです。退職して終わりとは思わない、待機場と考えていたのでお話を頂き、すぐ飛び立ちました。思いがけず現職時の集約、発展としての役割を受け持つことになりました。まず、最初に母校の福岡教育大学講師を勤めました。そこから、私立大学講師、教授、現職教諭への講習会講師と続きました。

Q「この辺りの経緯をお聞かせください」

――六十歳で教職を定年退職すると、すぐ母校福岡教育大学の講師として出向くことになりました。一九九二（平成四）年四月からです。退職する前年の十一月に突然、母校の大学から教職必修単位の科目を担当する講師にと言われました。

私は戦後の学制改革により、大学一期生として二十一歳で卒業しています。中学校教諭十七年間、その後、三十八歳から学校管理職として教頭相当職十年、校長相当職十二年、計二十二年間で、勤続三十九年になります。

福岡教育大学からの話は、天から頂いたものです。教育に携わる者から見る教育大学、戦後発足した大学一期生の私、そのころ学生を続けるために支援して下さった先生方、お陰で潑溂と過ごせた大学四年間。母校に特別に感謝の思いを抱いている上、教職で得させて頂いたものをお返しできればと思い、喜んで内諾しました。

中学校で生徒をどう人として育てるか、その一つとして学習資料活用による「自ら学ぶ力の育成」と「読書による人間形成」に取り組んできました。長年、鋭意取り組み、生徒と共に喜ぶ日々を送ってきた幸いを役立てようと考えました。講師承諾書を送ったのは三月十三日付で、中学校を定年退職する最後の卒業式を控えている時でした。

先生は、卒業は区切りであり、次へのスタートという言葉そのままに、母校福岡教育大学の講師になられたのである。その経緯などを『ひらく 校長として女性として』から抄出する。

福岡学芸大学は福岡教育大学へ

私が福岡学芸大学に入学したのは一九四九（昭和二十四）年で、一、二年次は田川市伊田の分校、一九五一（昭和二十六）年の三年次は、福岡市荒戸町の旧福岡第一師範学校跡の本校仮校舎で、翌一九五二（昭和二十七）年四年次に、初めて福岡市塩原町の大学本拠地本校に入りました。

その後大学は、一九六六（昭和四十一）年に福岡教育大学と改称され、分校、本校が統合して宗像市赤間文教町に移転している。私はそこに行ったことがなく、講師として新しい大学に行くような気持ちで福岡教育大学に行くことになりました。

（新しい学章は西門からの坂道にある楠の葉のイメージと城山の椎の実の形をデザイン化して、中に「教大」の文字がありました。）

城山の坂　講師の初日

講師として「城山」の坂を歩む感慨が『ひらく 校長として女性として』に瑞々《みずみず》しく描かれている。

「講師としての初日は一九九二（平成四）年四月十三日で、一時限八時四十分からである。

福岡教育大学の学章

ロゴマーク

福岡教育大学西門前で

ＪＲ教育大前駅で降り、大学西門から同窓会の名になっている城山を仰ぎ、楠の並木の緩やかな坂を上って行く。教育工学センター（現教育総合研究所）の教室である。四年次生の教職必修の科目として、久々の授業である。私は一九七〇（昭和四十五）年に中学校教諭から指導主事、その後教頭、校長になり、授業から離れたため二十二年振りの授業になる。新規採用教師のころに味わった感動、教育に没入して悔いないと思った若い日が蘇る。内から湧いて来る力と心地よさ、退職後に再びこのような日が来たのであった。

翌十四日は、午後の三時限、四時限である。昼休みに中庭を見ると学生がバンドをやっていて、若者の街という明るさ。私の大学一期生のころ、建物外で何かすることなどほとんどなかった。分校から本校に行くと、多くの学生は遠距離通学や学資のためのアルバイトなどに時間を取られ、部活動ができなかったためと思う。何とよい時代かと、しばらくベンチに座っていた。

女子学生が多い。一期生の私の卒業時は、女子学生は六・五パーセントであった。現在の学生数を統計で見ると半数を超え、六十五パーセント前後といってよさそうである。

チャイムが鳴る。よく聞くウェストミンスター寺院の鐘でなく、あまり聞き慣れないメロディが青空によく似合う。東京オリンピックで日本のよさを醸し出していたファンファーレが、青い空に吸い込まれていったのを思い出す。

この日、私は退職時に出版した教育エッセイ『銀のペン皿』と、学習情報センターを活用した教育で全国評価を戴いたことによる『学習センターとしての学校図書館』（共に明治図書出版刊）の二冊を関係の先生方にお届けした。この前著には生徒指導や道徳教育に関する具体事例を書き、後著には後に受け持つことになる司書教諭科目の授業に、直接関わる内容を書いている。

帰りは歩き疲れたような、それでいて軽い足どりでＪＲ教育大前駅へ坂を下って行った。」

Ｑ「城山の坂は、まさに滑走路でしたね。しかも、ここで、教職の根幹となる必修科目を担当されました」

――年度により多少変わりましたが、次のような内容です。

(1)　教職必修科目

「生徒指導」

「道徳教育の研究」

（2）　司書教諭科目
「学校経営と学校図書館」

「学校図書館メディアの構成」
（3）　協力校教育実習研究の一部
「教育実習の事前指導」

このほかに、文部科学省委嘱による司書教諭講習がある。夏季休業中に現職教諭が司書教諭資格を取得するためのもので、「学校経営と学校図書館」の科目を受け持つことになりました。

母校の教壇でも学生へ注ぐ眼差しは温かく熱いものを感じる。

教師を志す学生へ

教育実習は教職生活のスタートである。

始めに、教育実習は「教職生活のスタート、よいスタートを」と話す。私が教職を定年退職

2003（平成15）年
福岡教育大学で「学校経営と学校図書館」の授業

2003（平成15）年
２階席まで満員の学生

した時、「自分が先生の最初の教え子です」と名乗る人がいた。私が校長をしていた北九州市の中学校の生徒の保護者であった。

聞けば小学校の時に、教育実習生だった私に授業を受けたのだという。文化の日の話で、「文化とは大昔、土で器を作ったように、創り出すもの」ということを覚えているという。一九五〇（昭和二十五）年、私は大学二年次生で中学校の教育実習に行った後、小学校にも行くとよいとされ、二週間だけ行った時だった。

教育実習にはこのようなこともあるのだと話した。


このエピソードは、先生がいかに心に残る授業をされたか、しかも、教育実習生としての教育実践である。まさに、「栴檀は双葉より芳し」である。

さらに、母校の教壇でも学生へ力強いメッセージを贈られた。

「教師を志す学生へ」（『ひらく　校長として女性として』より）
教師とは、自身が成長しながら、人を成長させ続ける人のことです。
生徒には、今だけでなく、将来も成長するように根を育てます。
自分自身は、今の生徒と将来の生徒のために自分を成長させていきます。
成長させる一つに、本を読むことがあり、できるだけ続けることです。

教師は、いつも実践研究をしている人です。
経験は脚下を照らし、学問は未知の世界を照らします。
教師は、経験に従うだけでなく、未知のことを研究しているものです。
日々の教育実践をさらに良くするため、文献研究と実践研究を続けるのです。
教師とは、先端を行くと同時に、原点の手作りを大切にする人のことです。
新しさと手作りの両方を調和、大切にする人でありたいものです。
教師は、複眼の発想をするものです。
学校の仕事は多岐にわたり、厳しい現実に出会います。複眼の発想が大切です。
複眼の発想のために、深い教養がいります。常に学んで力をつけましょう。
教師は、「一城の主」の誇りと組織人の厳しさを持つ人です。
教師は一学級、一教科の責任を持ちますが、学校は組織体で教師はその一員です。
教育目標達成のため、その一部分を受け持っているという誇りと厳しさがいります。

女子学生のために特別に付け加えます。
にこやかにしていて、凛としている女性は何と素敵なことでしょう。
「ガラスの天井」に出会っても、青い空は近いと希望を高く掲げましょう。
優れた女性は時間が無定量にいります。時間に追われず時間と仲良くしましょう。

多方面に希望を持ち、女性として特に描ける希望を持ち続けましょう。

揺るぎない信念と豊かな経験からの言葉である。しかも、特別に付け加えられた女子学生への言葉は令和の現代にも変わることなく通じる真理として勇気の湧く言葉である。

㈩ 教え学ぶ日々を重ね――未来へつなぐ

Q「先生は、母校の講師以外でもいろいろと講師を勤めておられますね。学校図書館についてのキャリアが時代に求められたのですね」

――学ぶ人の力になりたいという気持ちはずっと持っています。私立大学をはじめとして、いろいろと講師を勤める機会は多くありました。

九州女子大学で講師

Q「先生は九州女子大学でも講師をされていますね」

――はい、定年退職した一九九二（平成四）年四月から、九州女子大学文学部の司書教諭科目と司書科目の講師をすることになりました。教育情報資料関係の講師としての依頼です。司書教諭資格と司書資格の科目のほとんどを担当しました。どちらも学生の自由選択ですが、毎年度受講者多数でした。

学生たちとの写真を見ると笑顔が弾けている。熱気あふれる講義の余韻が伝わってくる。

九州女子大学新設学部で教授

Q「さらに、新設の文学部心理社会学科で教授をお勤めになりましたね」

――九州女子大学は二〇〇一（平成十三）年に、学科改編をし、文学部心理社会学科を新設することになりました。教授公募には多数の応募がありましたが、検討の結果、講師をしている私に教授承諾をするようにと話が来ました。

私は定年退職後、母校である国立（現国立大学法人）の福岡教育大学教育学部講師に喜んで行っていたので、私立大学で講師から教授へというコースを考えることはありませんでした。しかし、新学科設置にむけて文部科学省への申請するため、ぜひにと言われ承諾したのです。すでに大学に出している書類に、その時整えられた「学長及び専任教員」についての書類があり、学歴（大学卒、修士―文学）、資格、学会及び社会における活動を記しています。さらに、教育研究業績については、作成した教科書と実践例は四件、講習会・研究会等の指導講師は五十九回、職務上の実績は他大学等七件、著書は単著・共著計十点、論文は単独・共同計十六点、大きな学会発表は三回、国内外の研修は六回、その他があり、それぞれに年月、名称、概要等

Shinagawa Hiroko

品川洋子 教授

研究室：耕学館（Ｅ館）☎693-3133

オフィスアワー：研究室に在室中随時

専攻（専門分野）：図書館学、社会学

担当科目：学校経営と学校図書館、学校図書館メディアの構成、学習指導と学校図書館、専門資料論、図書館資料論、資料組織演習、資料組織演習Ⅰ、資料組織演習Ⅱ

主要所属学会等：西日本図書館学会、西日本社会学会、小倉郷土会、森鷗外記念会他

—以下略—

「九州女子大学教員プロフィール」から

の項目があり、九・五ポイントの文字でＡ４判十五枚以上になっています。

私は、新学科に司書、司書教諭科目が入るということから、教授就任を承諾することにしました。心理社会学科が新設されると、研究室その他が新しくなり、担当科目以外に教授会、学科会、新入生の宿泊を伴う行事、その他多くの仕事が加わることになりました。

九州女子大学での担当科目は、司書教諭、司書資格の科目だけで、受講者数がほぼ一定し、快い年月になりました。

Ｑ「先生の二〇〇一（平成十三）年度九州女子大学教員プロフィールの「学生の皆さんへ」に目が引かれます。ここにあげてみます」

――「図書館は未来に生きる人のための宝の蔵です。図書館は世界を広げ、時間を越え、深いところに人を誘います。

自分の力で扉をあけ、両手でたくさんのものを掬い取り、それから多くの人にその「よさ」

「すばらしさ」を広げていってください。」

教授退職は、辞令に「再雇用延長定年退職」とあり、その後さらに、例外として講師をするように要請され、講師と教授を合わせて二〇〇四（平成十六）年まで計十三年務めました。七十四歳になっていました。

あの十五枚以上にもなる書類、圧倒される事績に対して、馬齢を重ねる私には「ボーっと生きてんじゃねーよ」と誰かさんの声が聞こえてきそうである。簡潔に図書館の本質が語られているプロフィールの言葉に、学生もさぞ学ぶ意欲を高めたに違いない。

西南学院大学　チャペルの時間

Q「さらに西南学院大学にも勤められましたね」

――二〇〇一（平成十三）年、西南学院大学から司書教諭科目の講師を依頼されました。西南学院大学は福岡市の文教の地、早良《さわら》区西新にあり、これまでの大学よりずっと遠いところです。しかし、司書教諭科目開講とあったので喜んで受けることにしました。

教育系大学でないので、免許状に上乗せして司書教諭資格になるので、学生は志を立てて受講しました。初講時に、司書教諭資格がどんなに意義があるかを話します。

仮に司書教諭にならなくても普通の教職と地域社会の広い場で生かせること、また、自己の人生を豊かにできることなど話していくと、学生はますますよい表情になり教室内が生きてきました。

ここでは、チャペルの時間があります。始め、この時間を講師室で休憩として過ごしていましたが、もったいないと気づき、チャペルに行ってみました。入口で讃美歌集を渡され、講話を聞き、讃美歌を歌い、帰りに讃美歌集を返す。毎回チャペルに行って、よい時間を過ごさせて頂くことになりました。

帰宅は夜八時を過ぎ、その日はさすがに疲れ果てますが、翌日は不思議に回復するのです。西南学院大学は講師七十歳までとなっていますが、七十一歳まで依頼されました。学内は清潔、学生は真摯で気持ちよく過ごすことができました。

どこに行かれてもいつでも何か新しいことを得ておられるのである。

大学院へ行く

Q「先生は定年退職後に大学院に行かれているとお聞きしています」

——一九九八（平成十）年、六十六歳の時でした。退職後、母校の福岡教育大学で講師を務めるなど多用であったのに、ふと一つのテーマに取り組みたいと思いました。

平成十年から九州産業大学が大学院国際文化研究科博士課程（五年一貫制）を開設すると知

り、希望して入りました。

Q「時間のやりくり等大変でしたでしょう」

——確かにそういうことはありました。昼間は大学講師として授業をして、終わるとすぐにJRに乗り急いで研究室に行く。夜はかなり遅くなりました。しかし、マックス・ウェバーの比較社会学、ジンメルの文化論、アイルランド文化論、新しい東アジア社会文化論などがあり、久しぶりに受講する側の楽しさを味わいました。

ただ、そのうち、次第に大学で私が受け持つ授業が増え、地域の文化講座の講師依頼も多くなりました。博士課程でしたが、二〇〇〇（平成十二）年度で修士で区切りをつけました。

修士論文は女性のキャリア「女性の学校管理職の研究」です。北九州市の『おんなの軌跡北九州 ―北九州市女性の一〇〇年史』の編纂にも携わりました。私は教育の部を担当し「女性教師の広がる活動舞台」を執筆し、この論文はすぐに役立てられました。

司書教諭科目の講師は通算十六年

Q「中でも、長く勤められた科目は、学校図書館を生き生きと動かす司書教諭関係の科目です。母校の福岡教育大学での講義や講習ですね」

——福岡教育大学での講師は、在籍する学生対象と文部科学省委嘱の現職教諭対象の二つがありました。学生の希望者は、司書教諭科目を受講して司書教諭資格を取得します。現職教諭は、在職中に司書教諭資格を得るために、文部科学省委嘱の司書教諭講習を受けることになります。その両方の講師をしましたが、学生の受講希望者は極めて多数でした。現職教諭は、現実の課題に向き合っているためか非常に熱心に受講されていました。大学の講師を辞した後も司書教諭講習はなお続けました。

Q「司書教諭科目の講義はあちこちに多くの種を蒔くことになりましたね」

——むしろ、私の方が受講した皆さんから多くのものをいただきました。ほんとうに久しぶりの「授業」でしたし、手応えが大きく、面白く、たくさんの感動を共有する時間となりました。

この現職教諭の司書教諭資格取得のための講師は八十一歳まで続けられた。その詳細は、『ひらく　校長として女性として』に述べられている。ここでは、受講後の受講生のことばを挙げて、充実した熱気あふれる講義のようすを再現する。

受講生の感想から（抜粋）

受講生の情熱とあいまって——平成二十五年度、品川洋子八十一歳

●学んだことや印象深いことが数えきれないほどたくさんありました。

先生の教育に対する情熱や、型にはまらない自由な発想です。

次に、あきらめることなく前向きにとらえる考え方です。シンプルに時間や手間もかけずに楽しくアイデアを出していくことです。生徒とともに創作した作品は発想豊かで美しく知的でユーモアがあります。
●子供は未来からの留学生。学校図書館が学ぶ喜び、学び続ける楽しさを味わわせ、広い世界へ通じる窓、感動の扉を開かせる「学習情報センター」、「総合的な文化センター」にするため、志を高く持ち、地道に取り組んでいきたい。
●大きいことは「学校図書館の懐の大きさ、深さ」です。生涯学習への出会いの場として自分自身の心身の成長の場として、その結果は未知数ですが、夢を描けることが素晴らしいと思いました。
●品川先生のようにいつまでも若々しく生きていきたいと思います。自分が楽しみながら、今後の人生に加速をつけて歩んでいきたい。今、第二の航海の出港時だと考えています。
●チャンスがあれば恐れずに挑戦していく品

2012（平成24）年　現職教師への司書教諭講習の講師　福岡教育大学にて（筆者80歳）

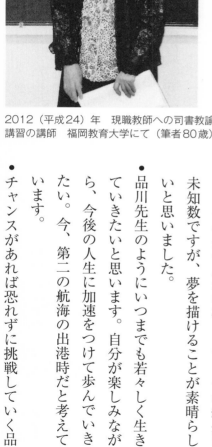

川先生の学びへの貪欲さには驚きました。

その熱意があるからこそ、一生懸命さ、迫力、若さと情熱が伝わってきたので、教える教師としての学びについての熱意がいかに大切であるかよくわかりました。

●国語科の教師としても生徒の心に種蒔く人でありたいです。同じ女性としても先生の発想力の豊かさ、行動力をぜひ見習いたいと思います。学ぶことって本当に楽しいですね。いつか先生に自分の実践報告を聞いていただけるよう、頑張ります。

●学校図書館にかかわり、司書教諭をめざす者への教育愛。先生が紹介してくださった実践例は、すべて興味深く大変参考になりました。読み聞かせは含蓄があり深く心にしみ、つい落涙しました。高校でもぜひ読み聞かせを取り入れたいと思いました。

●発想豊かにと言われますが、先生の機転、厳しさ、ユーモア、ちょっとでも頂いて帰ります。

●印象に残ったことは何と言っても先生のバイタリティです。

何事にも物怖じせず堂々と向かって問題を解決なさっていく体験をうかがう度に「すごい」と感心しました。

●常に知的好奇心を持ち挑戦し続け、より高みを目指そうとなさっている品川先生。

●今回の講習でいろいろな見方が変わり、これから先が楽しみになりました。先生のパワフルな話しぶりからこれからの人生が楽しくなりそうです。自分のやれること、やりたいことを行動に移し、視野を広げ、種蒔けるひとを目指していきます。先生のような賢さ、努力家、やさしさ、そしてユーモア、そんな素敵な女性教師になりたいと思った講習でした。本当にありがとうございました。この講習を受けるように声をかけてくれた校長にも感謝です。

●貴重な研修の機会を得ました。中学校で校長も経験され、豊富な実績をお持ちの先生のお話は目からウロコの落ちるようなことばかりで感動的でした。長時間起立されての講義、始終背筋をしゃんと伸ばされ、知性と品性が感じられ、何より日本語が美しく、自分の日ごろの生徒に対する姿勢や言葉遣いを反省しました。二十代は部活、三十代は学級、教科であくせくしている中学校教員ですが、「人としてどう生きるか」をしっかり見据えて教師として生きていきたいと思います。

お願いです。先生が「管理職啓発のための研修」の講師をしてください。

●この講習は毎日とても楽しみで、先生に会いに大学の坂道を上ってきていました。年齢を重ねていろいろなことが見えてきたこの時期に、この講義を受講させていただいたことに感謝の気持ちでいっぱいです。たくさんの講義内容を分かりやすく本質に迫る大切なエッセンスを盛山に教えていただきました。これからの私の人生に大きな意味を持つと思います。このことだけはぜひお伝えしたいと思います。自分の役割をしっかり果たし、子供たちの大航海のための水先案内人として種まく人でありたいと思います。

●学校経営や教員としての資質を深く考える良い機会になりました。貴重なこの研修に感謝しております。

地域文化の講師

Q「地域文化の講師としてもご活躍ですね」

――周望学舎、穴生《あのお》学舎という市民大学の講師として九十歳まで勤めました。毎年依頼が来るのと、皆さんの学びたいという情熱が高かったからだと思います。九十代になるとさすがに体力の衰えを感じその後、丁重にお断りしました。

生涯学習の一環として北九州市立市民センター等でも講師を務められた。

北九州市では、それぞれの市民センターに、生涯学習講座が開設されている。多くは生活に密着した健康講座や料理講座が実施されている。

Q「しかし、その中で先生は、文化の花を植えるように、文学や歴史講座を担当されました」

――受講生の知的好奇心を刺激したいと、資料にいろいろな工夫をしました。テーマは「平家物語」「源氏物語」などの古典、「戦国の女性史」、「小倉を中心として地元の近現代史」等多岐にわたります。「渋沢栄一」等大河ドラマのテーマに沿ったものなど身近に親しみやすくと考えました。そのうち新札の肖像になるのを意識して「津田梅子」の話をしたところです。

80歳を超えても市民文化センターの講師をする

九十歳、船出から百五十年の節目にめぐり合わせたのも深いご縁を感じる。

Q「毎回好評だと市民センターの方から伺いました。反応はいかがでしたか」

――アンケートには「学生に戻ったようだ」、「ずっとよくわかってなかったことが目からうろこが落ちるようにわかって嬉しかった」、「先生自身のご様子からパワーをいただきました」などの声が書かれていて、ありがたく励みになりました。

つい、熱が入って、スリッパが脱げてしまうこともありました。

文字どおり前のめりの講座で、地域文化の花も咲かせていかれたのである。

充足の時間　「城山」に見守られて

Q「長くお勤めされた講師の区切りはどうされましたか」

――福岡教育大学での私の講師は、教職を定年退職した一九九二（平成四）年度から始まりました。十六年経った二〇〇七（平成十九）年度で、自分から辞すと申し出ることにしたのです。講師は普通三年間ぐらいで、他の講師は次々に交代しているのに、私はいつの間にか長くなっていました。大学からは毎年、「次年度も」と言われますが、ふと考えると七十六歳になっています。続ける意欲も体力もありますが、そういううちに自ら申し出るものではないかと考え、ようやく区切りをつける決心をしました。

一方、福岡教育大学には文部科学省委嘱の現職教諭対象の「学校図書館司書教諭講習」があります。この方の講師は一九九八（平成十）年から始めて、大学学部の講師を辞した後も二〇一三（平成二十五）年まで続けることになりました。八十一歳でした。

そのころのことを『ひらく 校長として女性として』に述べておられて、素敵な時空が描かれているので、次に引用する。

大学を卒業して四、五十年後、講師として福岡教育大学にＪＲで教育大前駅に向かう時は、右手に城山が次第に姿を現わしてくる。大学の同窓会「城山会」の名になっている山である。穏やかな城山の麓に大学の広いキャンパスがある。

教育大前駅を降りると、近くの西門から楠の茂る緩やかな坂を上っていく。坂はいつから定年坂と呼ばれるようになったかわからないが、私は教職定年後でも学生と同じ歩調で元気よく歩いた。楠並木を過ぎると、春は左手に八重桜が長く咲き、また、桐の花も見られた。初夏には附属図書館の西側に、立葵の花が群れ咲いていた。花は赤、白、ピンク、牡丹色、紫色に濃淡のぼかしなど、さまざまな色が下から立ち上るように咲いていく。紅葉葵の花が深みのある赤一色に限るのに対して、立葵は何と多彩な花々かと思う。木の葉が落ちるころは道の両側に溢れるほど降り積もる。ある時、特別美化の日か、学生や教職員らしい人たちが落葉をかき集めているのに出会ったことがある。

緩やかな坂道を抜けると、まず、学生センターがある。そこから教育・心理教棟、共通講義棟に行った。キャンパス・マップを見ると四十以上もの棟があり、行くことのない棟の方が多い。次に、女子寮があるというので喜んで行ってみた。男子寮は学外にあるが、女子寮はキャンパス内にあり、五百人も収容できる立派なもので、城山寮と呼んでいる。また、昼休みの中庭では、学生がそれぞれのグループで演技や演奏などをして、学生の活力を見る思いがする。

授業になると一変して静かになる。私の授業は科目によって、一教室五十人くらいから二百人を超すことがあるが、全く静かであった。ノートを取るかきちんと顔を上げて聞く。レポートや製作物は熱心である。刺激をすれば動き出す。私は教職をとおして得た「これは」という実例や、現実から導いた論理等を話す。しかし、これは教職経験が無いためかどれくらい解ってくれたかと思うことがある。

大学が開講している講座、科目は非常に多い。教職に就くと、時に多様で複雑な問題に出会うが、基本となる原理、事の本質を把んでいれば、たじろぐことは無いのであった。若い学生に、どうぞ基本をと、エールを送る気持である。

私は毎時間の授業で、なるべく多くの実物教材を使うことにして、家から持参した。また、学生に自作させたり、レポートを出させたりすると、帰る時は大量の荷物になった。

定年坂を大きな荷物を持って学生と同じ歩調で下っていると、学生が荷物を持ってくれることがある。私は荷物を預けて歩きながら「専攻は」と聞く。ある夕方、持ってくれる人がいた。いつものように専攻を聞くと、学生ではなく先生なのであった。若い助教授、今の准教授かと思う。

戦後すぐの田川分校では、旧師範学校の名残りもあってか、当時はやった語でいえば、全体が「ゲマインシャフト」であったと思う。教育大学という大学は、六十年後も独特の温和な雰囲気があり、ゲマインシャフトの色濃いところである。

福岡教育大学での講師は、教職必修科目と司書教諭科目を一九九二（平成四）年から十六年間、現職教諭対象の司書教諭講習を一九九八（平成十）年から十六年間、この間に、一時期併行した十年間があるので、実質二十二年間務めた。

私の八十余年の人生の四分の一である。講師としてどれほど役に立ったか、大学へお返しできただろうかと思う。十分過ぎる充足の年月を過ごさせて戴いた。幸せの限りである。

幸せに包まれたご様子は読む者の心まで幸せな気持にしてくれます。

ありがとうございます。

三　「ひらく」から「つなぐ」へ

開く・拓く・啓く　そして　つなぐ

元福岡女子短期大学学長
中川伸也

九十六歳のエリザベス女王のプラチナジュビリーを祝う年に、わが師、品川洋子先生は卒寿を超えられ新しいご本を上梓されるため、本格的な取組みを始められました。ご自身のこれまでの教育者としての歩みを再確認し、日本を担う子どもたちの教育への期待を「語り、伝えたい」という熱い思いからです。この「つなぐ」の意味を先生との出会いから現在までを振り返りながら考えてみました。

品川洋子先生との出会いから ―― 教職基礎形成期から現在まで

私は、一九七五（昭和五十）年、新規採用教員として新規開校された養護学校に赴任し、十年間勤務しました。この間、品川先生から教頭先生として三年間、校長先生として三年間、ご指導をいただき、二回の北九州市教育委員会の研究委嘱の経験を通して、「学校教育に関して本質を見、大切にすること」、「学校という組織のあり方、考え方」、「次代を担う若年教師の育成の重要性」、「教育実践研究の基本的な考え方」、「学校の歴史・伝統を大切にすること」等、多くのことを学びました。

教職基礎形成期の私にとって、教育に関する基本的なことを学び、「教育観や教師としての基礎・基本」を実践的に鍛えていただきました。品川先生という管理職に若い時期に出会えたことは、私の教職人生の根幹となり、生き方のバックボーンとなりました。

その後、先生とご一緒に働く機会は一度もありませんでした。しかし、定期的に「足立会」でお会いする機会がありました。「足立会」とは、あの時の職員の親睦会です。この会は、現在まで不思議に続いている会です。そこには、先生が「学校をアテネに例えられた思い」が根底に流れていると感じます。

アテネは小さな都市でありながら、素晴らしい文化を生み出し、その文化を周囲へと大きな影響を与える存在。そのようなアテネを創造したのは「人」であること。その「人」づくりこそ、教育であるという思いです。その「アテネ」に所属させていただいたことは、今も変わらず私の大きな誇りでもあります。

その会で話をしたり、指導主事、学校長等、立場が変わる度に個人的に温かいご指導及びご助言をいただいたりしていました。私は、その後、市立養護教育センター指導主事に任用され、管理職としての歩みを始め、養護学校校長、教育委員会指導部主幹、北九州中央高等学園校長を経験して定年退職いたしました。

特に、高等学園の五年間に研究発表会の開催、学校研究論文等の取組みに関し、先生に学んだことを強く意識しました。それは、「教育の本質を踏まえているか、現在の課題を的確に分析しその解明を図ろうとしているか、さらに、研究の成果は他校にも活かされるものか把握し改善策を考えているか」等の視点です。そして、それは普遍的といえるものでもありました。

品川洋子先生のシラバスと励まし――短大教授そして学長に

退職後、福岡女子短期大学「教職課程、教育心理学担当」教授として採用されました。そのことを先生に報告すると、大変喜んで下さって、私が担当することになる「道徳教育」等に関して、先生ご自身が大学で講義されたシラバスや資料をいただきました。それは、教授としての講義に早速役立つ実践的なもので大いに活用しました。大学生に対する指導の基本的な視点、そして、明日から使える具体的な形となるものをいただいたことに感謝しました。

短期大学生は二年間という限られた時間で、社会人、職業人として自立することになります。この極めて限られた期間で、教職について自立するためには、教科指導等に関する基礎、基本となる知識、技能、児童生徒を理解し指導、支援できる基礎的な知識、技能、教員として生きる姿勢、態度の理解等が求められます。私は、先生からいただいた「自分自身の資質を高めるために学び続けることの大切さ」と、そのための「学び方を知ること」という視点を重視した指導を考えました。

福岡女子短期大学は、開学以来、「人間教育」を重視し、「女性のより良き自立」を目指す教育理念を有しています。開学五十周年の年に、私は学長を拝命しました。その時に、理事長には、開学五十周年行事を的確に行うこと、本学の今後の発展のきっかけづくりを行うことの二点を自分自身の目標とすることをお伝えしました。

先生に学長拝命の報告をすると、学長室で使用する立派な文箱のお祝いをいただきました。常に机に置いていた文箱は、まるで先生のまなざしに護られているようで、学長としての日々をともに歩んでくれました。

このように、先生のご指導及びご助言が、自分自身の教育実践や歩みに強く影響を受けていたことを再度確認しました。これは即ち、先生の存在が、私自身の管理職のロールモデルでもあったのだと改めて振り返っています。

「ひらく」——品川洋子先生の軌跡

先生とのご縁の深さを感じたのは、学長の内示が出る弥生三月のこと。偶然にもその時に、『ひらく 校長として女性として——学校図書館と関わりながら』（中央公論事業出版）の出版記念会が開かれました。

先生の現在までの足跡、とりわけその教職人生は、この著書に明確に示されています。私自身が学んできた品川先生の生き方そのものが示されています。ここで、昭和、平成、令和に続く先生の歩みの意味を「ひらく 校長として女性として」のタイトルから考えます。

「ひら（開）く」視点から

品川洋子先生は、戦前の昭和時代における男女別の教育制度で、女子にはほとんど大学が開かれていなかった時代の女子教育を受けられ、戦後に新教育制度が発足し、新制大学一期生として、福岡学芸大学（現福岡教育大学）で学ばれました。新制大学が始まる前は、女性に対する高等教育は極めて限定的でありました。先生は、今まで女性に「閉じられていたもの」を「開く」という意識を持たれたのではないかと考えます。

先生は、旧制度の師範卒業の方々が学校において中心的な役割を果たされていた中で、新制大学一期卒業生として、北九州市の思永中学校に赴任され、「教科経営」「学級経営」「学校図書館教育」に対して、より良きものをと飽くなき探求をされる姿を示されています。

この教師としての専門性の追求を通して、「教育の本質、学校経営の本質」を「開く」ための「黄金の鍵」を自ら手にされ、結果として、三十八歳で当時としては極めて少なかった女性管理職として歩みをはじめられました。この女性管理職としての道においても、新制大学卒業生としてはじめて、しなやかに力強く「切り開かれた」のです。

「ひら（拓）く」視点から

品川洋子先生は、思永中学校に赴任後、校務分掌では自らすすんで学校図書館係になりました。先生ご自身の経験から、生徒の読書や学びを深めるため学校図書館の重要性を踏まえ、さらに、ご自身が文献研究に苦労されたことから学習情報センターとしての機能を持たせるように努めました。折しも、その八月、学校図書館法が制定されました。

時代の変遷を踏まえ「学校図書館係」という小さな窓から、大きく学校全体を見渡し変えていく視点をもち、学校図書館を「拓く」取組みです。この若き日々の経験は、後に、校長として自ら学校図書館利活用の教育を高める大きな実を結び大輪の花を咲かせました。

令和の今にあっても全く遜色ない、むしろ新鮮味さえ感じさせる「全校に浸透させる校長講話（集団読書）」「私の選んだミニ研究」等の教育実践は、教育の在り方を「拓き」、全国的に高い評価を得られました。

これは、まさに、先生ご自身が新しい視点で探求し「切り拓く」教育実践であったのです。

「ひら（啓）く」視点から

品川洋子先生は、教職を定年退職された後、母校福岡教育大学の講師、九州女子大学の講師（後に教授）として学生の指導に取り組まれています。大学生の指導は、未来の社会を創造することにつながる、いや直結するという意義があり、先生が「遠くを見つつ種を播く」取組みを行われたと言えます。さらに、文部科学省の委嘱を受けて、現職教諭に対する「司書教諭資格」講習も担当されていらっしゃいます。先生ご自身の実践で導かれた「生徒にとって充実した学習センター」の取組みを通して、学校教育の柱となる学校図書館を利活用し、自主探求学習力を高める視点を重視した「啓く」講習を長きにわたって勤められたのです。

さらには、地域文化に対する情熱も並々ならぬものがあります。「森鷗外」に関する研究や「森鷗外記念会」への貢献、そして、生涯学習センターにおける講演活動等、長く、精力的に取り組まれました。

これらの活動は、広くは北九州市、身近にはその地域の方々の学ぶ気持ちに応え、その知的好奇心を「啓き」、地域文化を「啓く」取組みです。

以上のように、先生のこれまでの軌跡は、「ひらく」というキーワードで一貫されたものであります。

「ひらく」から「つなぐ」へ――私たちへの思いを聴く

『ひらく 校長として女性として――学校図書館と関わりながら』の「終わり」に品川洋子先生は次のような指摘をされていらっしゃいます。

「私は校長になった時、全校生徒と全教職員に、どれ程の手のひらになれるのか考えた。戦後の新制大学一期生として、あえて男女差別に立ち向かうのではなく、淡々と平等を貫いてきた。その中で校長の手のひらとしては、男女平等である以上にさらに、女性の良さをプラスしたいと考えた。（略）未来はいつもそこにある。今後、学校教育はどう変わるのだろうか。量的拡大だけでなく質として、測り難い変化の社会に生きるための力として。これから女性管理職はどう変わるのだろうか。数としてではなく質として。それも自然に、多方面に広がるとして」

この「終わり」を受け、卒寿を迎えた先生は、今こそ「人に語り、伝えたい」思い、すなわち「つなぐ」ことを考えられ本著を示されたと考えています。

先生が私たちに「つなぐ」思いとは、「中学校にこそ女性校長をもっと増やす」ことです。この思いは、先生の中学生に対する指導経験、さらに校長としての管理職経験を踏まえてのご指摘と言えます。

令和の時代になり、わが国は、「男女共同参画社会」を目指して、具体的な取組みを進めています。中学生という発達段階を考えると、中学校こそ、固定的な性別役割や性差に関する偏見の解消、固定観念を打破するとともに、無意識の思い込み（アンコンシャス・バイアス）の影響を及ぼさないために、非常に重要な時期です。

この中学校教育の充実、さらに、男女共同参画社会のモデルとなる学校社会を示すことが肝要であり、特に、女性管理職として、校長任用を一層促進する対応策が強く求められているというお考えに、私たちは、再度耳を傾ける必要があると考えています。

先生の今回の思いについて、女性校長任用を一層促進することは、男女共同参画社会のモデルとなる学校社会を示すことにつながること。その学校社会で学んだ児童生徒が、未来の男女共同参画社会を創造することにつながること。さらに、管理職自身が「よき教師」「よき管理職」として「よりよきモデル」となることが求められるということ等、令和の時代、教育の充実のための視点そのものだと考えられます。

本著『つなぐ 女性の中学校長から』に込められた先生の思いが、これから続く女性教員、女性管理職の方々、さらに、すべての教育関係者の方々に、真の男女共同参画社会の創造への視点をもたらし、学校教育を充実するという高い意識と強い意志へ昇華されることを強く願っています。

先生の「ひらく」という教育者としての歩みを再度確認し、先生の思いを「つなぐ」ことを、私自身、心に刻んでいきたいと思います。

本著が、「バタフライエフェクト」となり、令和に新しい風を起こし、すべての人が美しく羽ばたくきっかけとなればと願っています。

（本書Ⅰ編の二及び六の関連資料）

【資料】全国及び北九州市の学校における教員・管理職等の男女の割合について

元福岡女子短期大学学長
中川伸也

本資料の趣旨について

品川洋子先生が卒寿を超えられ、ご自身の思いを込め「つなぐ」という視点から本著を上梓されることになりました。品川先生は、未来の学校教育の充実のために、次代の女性教員の活躍に大きな期待を込められています。そのために、ご自身の長い教職の歩みから「学校、特に中学校に女性校長をもっと多く任用すること」の重要性を指摘されています。

先生が執筆されるにあたって、学校は女性教員が男性教員より多い状況があるが管理職は男性が極めて多いことについて、全国及び北九州市の学校における男女教員のデータを確認したいというお話をお聞きし、本資料を作成しました。

資料作成にあたって

文献調査を行ったところ、国立女性教育会館『学校における女性の管理職登用の促進に向けてⅡ』（二〇二二（令和四）年）に全国及び政令市の男女比率が詳しく公表されています。

品川先生は、最新の情報を求められていたため以下二点の統計資料を参考にしました。

① 文部科学省「令和四年度学校基本調査（速報値）」

② 北九州市教育委員会「教育調査統計資料No.70　2022」

なお、学校は義務教育の小学校、中学校、特別支援学校としています。

結果の概要について（表1〜表8参照）

㈠ 学校の男女教員数は…「表1」及び「表2」の分析

◆全国の学校における男女教員数の比較について

・男性教員四三・五％、女性教員五六・五％。男性対女性教員数は一対一・三である。

・中学校のみ男性対女性教員数は一対〇・七九であり、女性教員数が少ない。

◆北九州市の学校における男女教員数の比較について
・男性教員三八・八％、女性教員六一・二％。男性対女性教員数は一対一・五八である。
・中学校のみ男性対女性教員数は一対〇・九三であり、全国と同様に女性教員が少ない。
◆学校は、女性教員が男性教員より極めて多い職場であるということが明確に示されている。特に、小・特別支援学校は全国及び北九州市共に女性教員が多い傾向が見られる。また、北九州市は全校種とも全国より女性教員の比率が高い傾向が見られる。

㈡ 学校の管理職の男女の割合について…「表3」及び「表4」の分析

◆全国の学校について
・男性校長七九・五％、女性校長二〇・五％、男性対女性校長数は一対〇・二六である。この比は、男性校長は女性校長の三・八九倍の人数であることを示している。
・全校種において、男性校長数が女性校長より多いことが示されている。
◆北九州市の学校について
・男性校長七四・七％、女性校長二五・三％、男性対女性校長数は一対〇・三四である。この比は、男性校長は女性校長の二・九六倍であることを示している。
・全校種において、男性校長数が女性校長より多いことが示されている。

◆中学校について

・全国及び北九州市において、中学校の女性校長の比が低い傾向が見られる。

・全国において男性対女性校長数の比は一対〇・一一、北九州市は一対〇・二二である。この比は、全国は男性校長が女性校長の九・一三倍、北九州市は四・六四倍であることを示している。

㈢ 学校における教員の管理職への任用率について…「表5」及び「表6」の分析

この項目については、女性校長が男性校長に比べ全国及び北九州市において極めて少ないという事実を踏まえ、男性及び女性教員が管理職になる割合を「管理職への任用率」として、比較分析した。

◆全国の学校について

・男性教員の中で男性校長の割合は六・九％、女性教員のうち女性校長の割合は一・四％である。この割合は、男性教員一四・五人に一人、女性教員七三・五人に一人が校長に任用されていることになる。

◆北九州市の学校について

・男性教員の中で男性校長の割合は七・四％、女性教員の中で女性校長の割合は一・六％である。この割合は、男性教員一三・六人に一人、女性教員六三・五人に一人が校長に任用されていることになる。

◆特別支援学校について

・全国及び北九州市共に、男性及び女性校長の任用率が低い状況が見られる。この原因として、小・中学校数と比較して学校数が少ないこと、教員数の配置が小・中学校より多いことによると考えられる。

◆中学校について

・全国では男性校長の割合は五・八％、女性校長の割合は〇・八％、北九州市は、男性校長の割合は六・三％、女性校長の割合は一・四％である。この割合は、全国では男性教員一七・一人に一人、女性教員一二四・四人に一人、北九州市では男性教員一六人に一人、女性教員六九人に一人が校長に任用されていることになる。

㈣　主幹・指導教諭の男女の割合について…「表7」及び「表8」の分析

①　主幹教諭に関して

◆全国の学校について

・男性主幹教諭六一・三％、女性主幹教諭三八・七％。男性対女性主幹教諭一対〇・六三である。他校種と比較して中学校の女性主幹教諭数が低いことが指摘される。

◆北九州市の学校について
・男性主幹教諭七八・七%、女性主幹教諭二一・三%。男性対女性主幹教諭一対〇・二七である。また、小学校一対〇・三三、中学校一対〇・一二という男女比についても、全国と比較すると低い実態が示されている。
◆中学校について
・全国、北九州市共に他校種と比較して女性主幹教諭の比が最も低いことが指摘される。

② 指導教諭に関して

◆全国の学校について
・男性指導教諭四三・一%、女性指導教諭五六・九%。男性対女性指導教諭一対一・三二である。指導教諭は、男性より女性が多い傾向が見られる。
◆北九州市の学校について
・男性指導教諭六八・一%、女性指導教諭三一・九%。男性対女性指導教諭一対〇・四七である。全国と比較して、北九州市の女性比は低い傾向が明確に示されている。
◆北九州市の中学校について
・男性指導教諭八五・二%、女性指導教諭一四・八%。男性対女性指導教諭一対〇・一七である。全国と比較しても、北九州市の他の校種と比較しても極めて低い。

表１　全国　学校における教員数の男女の割合及び男女比

校　種(校数)	教員数(人)	男性教員数(%)	女性教員数(%)	男性 対 女性
小　学　校（ 19,161 校 ）	423, 345	159, 055 （37. 6%）	264, 290 （62. 4%）	**1.00 ： 1.66**
中　学　校（ 10,012 校 ）	247, 247	137, 754 （55. 7%）	109, 493 （44. 3%）	**1.00 ： 0.79**
特別支援学校（ 1,171 校 ）	86, 818	32, 451 （37. 4%）	54, 367 （62. 6%）	**1.00 ： 1.68**
合　計　（ 30,344 校 ）	757, 410	329, 260 （43. 5%）	428, 150 （ 6. 5%）	**1.00 ： 1.30**

※令和４年学校基本調査（速報値）2022. 9. 28」（文部科学省）より作成

表２　北九州市立　学校における教員数の男女の割合及び男女比

校　種(校数)	教員数(人)	男性教員数(%)	女性教員数(%)	男性 対 女性
小　学　校　（ 128 校 ）	2, 926	956 （32. 7%）	1, 970 （67. 3%）	**1.00 ： 2.06**
中　学　校　（ 62 校 ）	1, 575	816 （51. 8%）	759 （48. 2%）	**1.00 ： 0.93**
特別支援学校　（ 8 校 ）	686	241 （35. 1%）	445 （64. 9%）	**1.00 ： 1.85**
合　計　（ 198 校 ）	5, 187	2, 013 （38. 8%）	3, 174 （61. 2%）	**1.00 ： 1.58**

※「教育調査統計資料 No. 70　2022」（北九州市教育委員会）より作成

表３　令和４年度　全国　学校における管理職数の男女の割合及び男女比

校 種	校　長（28, 493 人）			副校長 ・ 教　頭（31, 710 人）		
	男　性	女　性	男性 対 女性	男　性	女　性	男性 対 女性
小　学　校	13, 895(74. 9%)	4, 658(25. 1%)	**1.00 ： 0.34**	13, 448(69. 0%)	6, 049(31. 0%)	**1.00 ： 0.45**
中　学　校	8, 033(90. 1%)	880(9. 9%)	**1.00 ： 0.11**	8, 547(82. 5%)	1, 819(17. 5%)	**1.00 ： 0.21**
特別支援学校	736(71. 7%)	291(28. 3%)	**1.00 ： 0.40**	1, 212(65. 6%)	635(34. 4%)	**1.00 ： 0.52**
合　計	22, 664(79. 5%)	5, 829(20. 5%)	**1.00 ： 0.26**	23, 207(73. 2%)	8, 503(26. 8%)	**1.00 ： 0.37**

※「令和４年度学校基本調査（速報値）2022. 9. 28」（文部科学省）より作成

表４　令和４年度　北九州市立　学校における管理職数の男女の割合及び男女比

校　種(校数)	校　長（198 人）			教　頭（201 人）		
	男　性	女　性	男性 対 女性	男　性	女　性	男性 対 女性
小　学　校（ 128 校 ）	92(71. 9%)	36(28. 1%)	**1.00 ： 0.39**	97(78. 9%)	26(21. 1%)	**1.00 ： 0.27**
中　学　校（ 62 校 ）	51(82. 3%)	11(17. 7%)	**1.00 ： 0.22**	50(79. 4%)	13(20. 6%)	**1.00 ： 0.26**
特別支援学校（ 8 校 ）	5(62. 5%)	3(37. 5%)	**1.00 ： 0.60**	7(46. 7%)	8(53. 3%)	**1.00 ： 1.14**
合　計　（ 198 校 ）	148(74. 7%)	50(25. 3%)	**1.00 ： 0.34**	154(76. 6%)	47(23. 4%)	**1.00 ： 0.31**

※「教育調査統計資料 No. 70　2022」（北九州市教育委員会）より作成

表５　全国　学校における男女教職員に対する管理職の任用率

校　　種（男女教員数）	校　長		副校長・教　頭	
	男　　性	女　　性	男　　性	女　　性
小 学 校（男性 159, 055、女性 264, 290）	13, 895(8. 7%)	4, 658(1. 8%)	13, 448(8. 5%)	6, 049(2. 3%)
中 学 校（男性 137, 754、女性 109, 493）	8, 033(5. 8%)	880(0. 8%)	8, 547(6. 2%)	1, 819(1. 7%)
特別支援学校（男性 32, 451、女性 54, 367）	736(2. 3%)	291(0. 5%)	1, 212(3. 7%)	635(1. 2%)
合　　計（男性 329, 260、女性 428, 150）	22, 664(6. 9%)	5, 829(1. 4%)	23, 207(7. 0%)	8, 503(2. 0%)

※「令和４年度学校基本調査（速報値）2022. 9. 28」（文部科学省）より作成

表６　北九州市立　学校における男女教職員に対する管理職の任用率

校　　種（男女教員数）	校　長		教　頭	
	男　　性	女　　性	男　　性	女　　性
小 学 校　（男性 956、女性 1,970）	92（ 9. 6%）	36（ 1. 8%）	97（10. 1%）	26（ 1. 3%）
中 学 校　（男性 816、女性 759）	51（ 6. 3%）	11（ 1. 4%）	50（ 6. 1%）	13（ 1. 7%）
特別支援学校（男性 241、女性 445）	5（ 2. 1%）	3（ 0. 7%）	7（ 2. 9%）	8（ 1. 8%）
合　　計　（男性 2,013、女性 3,174）	148（ 7. 4%）	50（ 1. 6%）	154　7. 7%）	47（ 1. 5%）

※「教育調査統計資料 No. 70　2022」（北九州市教育委員会）より作成

表７　令和４年度　全国　学校における主幹教諭数、指導教諭数の男女比

校 種	主幹教諭（18,475 人）			指導教諭（2,264 人）		
	男　性	女　性	**男性 対 女性**	男　性	女　性	**男性 対 女性**
小　学　校	5, 782(55. 3%)	4, 669(44. 7%)	**1.00 ： 0.81**	468(35. 7%)	843(64. 3%)	**1.00 ： 1.80**
中　学　校	4, 676(72. 0%)	1, 817(28. 0%)	**1.00 ： 0.39**	417(53. 1%)	369(46. 9%)	**1.00 ： 0.88**
特別支援学校	860(56. 2%)	671(43. 8%)	**1.00 ： 0.78**	62(37. 1%)	105(62. 9%)	**1.00 ： 1.69**
合　計	11, 318(61. 3%)	7, 157(38. 7%)	**1.00 ： 0.63**	947(41. 8%)	1,317(58. 2%)	**1.00 ： 1.39**

※「令和４年度学校基本調査（速報値）2022. 9. 28」（文部科学省）より作成

表８　九州市立　学校における主幹教諭数、指導教諭数の男女比

校 種	主幹教諭（108 人）			指導教諭（72 人）		
	男　性	女　性	**男性 対 女性**	男　性	女　性	**男性 対 女性**
小　学　校	48(75. 0%)	16(25. 0%)	**1.00 ： 0.33**	21(60. 0%)	14(40. 0%)	**1.00 ： 0.67**
中　学　校	34(89. 5%)	4(10. 5%)	**1.00 ： 0.12**	23(85. 2%)	4(14. 8%)	**1.00 ： 0.17**
特別支援学校	3(50. 0%)	3(50. 0%)	**1.00 ： 1.00**	5(50. 0%)	5(50. 0%)	**1.00 ： 1.00**
合　計	85(78. 7%)	23(21. 3%)	**1.00 ： 0.27**	49(68. 1%)	23(31. 9%)	**1.00 ： 0.47**

※「教育調査統計資料 No. 70　2022」（北九州市教育委員会）より作成

Ⅲ編　めぐる時のロンド

風に乗ってくる木の香り　人の声

「銀のペン皿」と呼んでいた　実は「銀のボンボニエール」

「めぐる時のロンド」のはじめに

気がつくと私は、いつも学校の傍らで走り続けていました。その間、天はいつも「よき時」を贈ってくれたと思います。退職して初めての春、思い立って「節分」を書きますと、それが縁で毎日新聞西部本社ペンクラブに入ることになりました。以後、ペンクラブ刊の『群《むら》雀《すずめ》』に毎号文を寄せることになりました。

ふと立ち止まりますと、風に乗って漂ってくる草花や木の香り、遠くから聞こえて来る賢人「アウレリウス」や恩師奥山壽榮先生、父母姉の声を感じます。学校も生きています。

お読みいただく方に、さらによき「時」が重なりますよう、念じています。

節　分

向田邦子さんは、「荒城の月」の「めぐる盃」を「眠る盃」と思っていたという。

私の豆まきは「お庭外」だった。それが鬼とわかっても、浜田広介の「泣いた赤鬼」の鬼が、私にとって大切な鬼だった。青鬼の献身と深い友情、それを知って涙を流す赤鬼。

今年は多忙な職から離れて初めての節分だから、邪を払って福を招き入れたい。でも、豆を持つと鬼を打つより、お庭に優しくまいてあげたくなった。やはり、「お庭外」がいい。

一九九三年　六一歳（ミニ随筆）

目次

一　銀の鶴　天空へ舞う

鶴のボンボニエール

十歳の子どものころから私の宝ものは、父からもらった銀でできた鶴であった。手のひらに乗る大きさで、鶴全体がうずくまって丸くなり、受け皿の蓋のようになっている。その裏に純銀と刻印されている。私は一目見て気に入り「何を入れるの」と聞くと、父は「ペン先を入れるとよい」と言った。私は自分で「銀のペン皿」と名付け、眺めては勉強の面白さ、美しいものの源が籠っているように思って楽しんだ。そのころから書いていた日記帳と共に、戦時疎開の時も度重なる転居にも「これだけは」と大切に持っていた。

ところがこの春、小倉城庭園で「皇室のボンボニエール」展があり、何とそれは「銀のボンボニエール」だとわかった。ボンボニエールは皇室の慶事の饗宴の度に記念品としてボンボン（金平糖）を入れて贈られる銀製の工芸品である。形は慶事によって様々に意匠が凝らされ、めでたい文様が付けられる。
明治から始まったこの慣例は、昭和に入ると国有企業や私企業の祝典の記念品としても波及したという。家の古い写真帳に父の会社が昭和九年に創業二十周年行事として箱根で園遊会をしたのがある。その時の記念品ではないかと気がついた。私は六十数年間も上等な文具としてのペン皿と思い込んでいた。今度、父が職業人として最も活力があったころの品らしいと新しい発見をしたのであった。今、「銀のペン皿」と「銀のボンボニエール」の両方を持っているような二倍の幸せを感じている。

二〇〇七年　七五歳（群雀三八）

詰める

お正月のおせち料理を詰めるのは重箱が普通だが、戦前の東京の我が家には陶器の「切りだ（溜）め」というのがあった。真白な地に梅や松が描かれていて、絵を合わせながら五段くらい積み上げていた。一の重、二の重と、山のもの海のものなど、きまりに従って詰めていく。子供たちに一段ずつ一人分を詰める年もあった。三人姉妹で小学生だった私たちは、一人一段ずつの方が嬉しかった。中はきれいに詰め合わされ、持つと冷んやりする。冷蔵庫の無い時代、子供には衛生的で合理的だったのではないかと思う。塗りのお重は大人っぽく、詰めるにも格があるように思われる。詰め方もいろいろである。

「詰める」というのは立派な美学だと思う。限られた時空を密度の濃いものにするだけでなく、見えない香気や余韻のようなものまで詰めることができる。文章に限って言えば、六百字ならそれなりにきりりと「詰める」と切り味のよいものになる。八百字なら八百字なりの詰め方、何千字なら何千字の書き方がある。長さによって書き始めの構えが違い、それによって文章の質も異なって来る。「詰める」よさである。

日本人は俳句という超短詩型の文学を生み出し、掛軸の中に広大な自然を描き出す。お正月、お重に詰めたおせち料理を見ながら、「詰める」という日本文化の良さを改めて思い返している。

二〇〇三年　七一歳（群雀三四）

籐椅子

デパートの催しものの中で、大江戸展には必ず行く。人形焼、べったら漬、平野屋の袋物を見て、籐工芸のコーナーまで来て立ち止まってしまった。籐枕、籐椅子など小ぶりのものが沢山あり、職人と思われる年配の人が座っている。私は一つの座椅子にひきつけられた。値段は通販の十倍もする。でも少しためらって、思い切りよく買うことにした。

六十年余り前、私の東京の家に大きなひじ付きの籐椅子があった。お出かけ前に身支度を整えた母、親戚の人と澄まして座った少女の私など、全き幸せの中に籐椅子があった。戦時疎開と転居で籐椅子はいつの間にか無くなった。その後、三つ折籐椅子を買ったが、便利なようで使い難いのである。

今度見つけたのは、ただ背付きで座の高さ二十五センチのものである。ひじ掛け無し、クッション無し、回転もしない。平座用椅子や正座用椅子、洋間用の椅子とも違う。和室向きで指一本で動かせる程、軽い。籐の色にこげ茶色が組み合わされて唐木家具にも調和する。リーフレットを見ると職人は東京伝統工芸士で、浅草で六十年この道一筋とある。日本人の暮らしに合うものを作ってきた自信がうかがえた。私が「さすが江戸工芸。本物のよさですね」と言うと、当人は破顔一笑した。

無用のものを削ぎ落とした本物を手にして、この籐椅子から少女期とは違う熟年の幸せが漂って来るような気がした。

二〇〇四年　七二歳（群雀三五）

大江戸展

今年の春もデパートで、恒例の大江戸展がある。去年、江戸工芸の籐椅子を買って、『群雀』

三五号に書いた。そのコピーを持って、今年も来ているはずの工芸の職人に会いに行く。一年ぶりの使い心地を話す前にコピーを渡すと、思いがけないことと驚き喜んでくれた。

老松大老のお茶、神田明神の天野屋で買い物をして、今年の特別企画「徳川恒孝氏講演」を聞きに行く。世界一の大都市江戸、日本中の文化が交流する文化都市江戸、生活の知恵で平穏な日々を楽しんだ庶民の町江戸。江戸幕府の末裔、十八代当主が話の中に地元小倉小笠原氏を入れながら、二六〇年の泰平の世がもたらしたものを話される。西欧近代科学に遅れたとは言え、世界史的に見れば激動にさらされなかった貴重な時代である。巧まず端正に歴史の授業のようにレジュメ二枚、二時間きっちり話された。ところがその間、何度か納得と微笑が聴衆の中にさざ波のように広がっていった。湧かせるのではなく淡々とした話に空気が動くのである。

かねて私は、本当の講演のよさは難しいものと思っていた。短い時間に中身の密度を濃くし、聞き手の心にしみ入るように話す。今年の大江戸展は、かつて過ごした東京を懐かしむだけでなく、静かに共感を誘う話し方に出会えて嬉しかった。

また、来年春の大江戸展が楽しみである。

二〇〇五年　七三歳（群雀三六）

幻の東京五輪の傘

昭和十五年、開かれるはずの東京五輪は、事前に返上して幻になった。気づくと母の大切な五輪の傘も消えてなくなった。

私は東京で昭和六年、満州事変の日に生まれた。これが戦争への道と知るはずもない。数えてみると、昭和十三年、子供の私は、父母と姉と日本橋三越に行った。帰ろうとした時、母が傘売り場で「いい傘」と足を止めた。傘売り場の上の方に二、三本開いて展示している一本である。傘の外側は濃いブルーで、中心に向かってグラデーションで白になっている。地紋に七、八センチぐらいの五輪のマークが点々と浮かび上がっている。柄と石突きは、天然の樹脂琥珀《こはく》のようなもので、とても上等と思われた。母は、父と店員に話してそれを買い、とても嬉しそうだった。

その後、戦争は拡大を続け、我が家は戦時疎開し、やがて終戦。戦後が続く昭和二十年代に、母は過労を重ねて亡くなった。

昭和三十九年、今度はあの輝かしい東京五輪になった。姉と私は三十歳代になり、「母のあの五輪の傘はどこに行ったのだろう」と話す。五輪返上でさし控えたとしても、戦後、気づくとどこにも無い。どこに行ったのだろう。あの青空に浮かぶ五輪のような幸せの日があったのだ。母はあの傘をさして、天空に行ったのだろうか。せめてそう思いたい。

今度、コロナ禍で延期になった東京五輪が、幻でなく多くの人の幸せの花咲く五輪になるようにと願っている。

二〇二〇年　八八歳（群雀 三一）

二　幼き日　心の庭を眺める

日記帳

先ごろ榊原喜佐子著『徳川慶喜家の子ども部屋』（草思社）を読んだ。徳川最後の将軍の孫が、主に少女期の日記をもとに戦前の生活を回想している。

そうだ私も丹念に日記を書いていたのだと、五十年も前の日記帳を取り出してみた。何と公爵家の令嬢も東京の会社勤めの家の娘も、同じような絵を書き入れ、同じような遊びに興じている。朝、姉妹でどちらが洋服を早く着られるか競争したり、マーマー人形を可愛がったり、土手の草を摘んで転げまわったり。

私の日記にひめひまわりが出て来る。昭和十七年七月三十日、千葉県岩井の臨海園から十日ぶりに家に帰って「庭のひめひまわりが大きくなって美しく咲いた」と群れ咲いたのに驚いている。こればかりは徳川家の庭には無いと思われる素朴な花である。今風のミニひまわりとは違う。花は芯がなくて黄色の花びらが集まり、葉は人の手のようで、植物学的には、ひまわりでないのかもしれない。

日記のほのぼのとした日々は、もう還ることが無く、あのひめひまわりもいつの間にか見かけることができなくなった。かたかな文字の華やかな花とは違う安心感があったのに。古い日記から家庭と社会の移りゆきが浮かび上がって来る。東京から戦時疎開による九州移住、戦前の小学生から戦後の新制大学一期生。変動の時代を体験した者として、視点を定めていつかまとめたいと思っている。

一九九七年　六五歳（群雀二八）

付　平成二十年『戦中戦後 少女の日記』、平成二十二年『紫匂いし・戦時下の少女が綴る』（共に中央公論事業出版）として出版している。さらに戦時資料の「昭和館」に実物と、後に収録したＤＶＤが納められている。

「教えること」の面白さ

私の小学校三年生の学級担任は、産後すぐの先生であった。休み時間に授乳したり、教室の隅で母乳を絞ったりしていた。その先生は、女性教師たちのリーダー的存在で、おしゃれでスマートな先生であった。

ある日、算数の解き方を教えた後、十題ばかり出して「後は自分たちで」となった。私は自然に級友の勉強を見ることになり、「教えること」の面白さ、友だちがわかったと喜ぶのを知った。算数以外の教科でも似たことがあった。

出産する教師の学級は、事前に「組分け」といって他の学級に数人ずつ机脚をもって移るか、「合併」といって、二学級を一つにするか、どちらかであった。私は先生の手伝いで教えることの楽しさを知ったが、誰にも言わなかった。子供心に、女性の教師が働く大変さがわかるのだった。今日では、到底考えられないことである。それから何年もの後に、もっと女性の教師の大変さがわかった。

二〇一七年　八五歳

詳細迅速に

まだ教職年数の浅いころ、九州一周の修学旅行引率で、病気の生徒に付き添って下車した。生徒は即入院、手術になった。立ち会う時、私はすぐ時計を見た。この時からすべてを刻々と記録していくことにした。当時、病院はベッド以外はほとんど患者が用意するもので、寝具その他すべてを借りるか買うかする。私は病状の他、購入したもの、借用したもの、金額と時間、場所などすべてをメモしていった。

帰校し翌日出校する時、深夜までメモをレポート風にまとめ、始業前に校長に提出した。校長は全教員に「詳細な記録が早々に提出された。まことに見事である」と言われた。私は当然のことと思っていたので、かえって驚き、この一言を忘れなかった。当時、迅速に詳細、的確な報告が出るのは珍しかったようである。

私は子供のころからずっと日記を書いている。事故記録もその流れとして当然のことであった。その後も書き続け、日記は自然に心の糧になるとともに職務についての財産になるのであった。

二〇一三年　八一歳

こっぽりと羽子板

ある日、品名「甲堀」と書いたものが送られてきた。それは七五三の七つの女の子が履く「こっぽり」であった。朱塗りの高い台に畳表、赤や金銀の鼻緒、歩くと中の鈴が鳴り、ポックリ、ポックリと歩く、女の子のあこがれの履きものである。私の還暦の祝いに、若いころ一緒の学校に勤務していた人が贈ってくれたのである。私は三十九年勤続したが、特に華麗な足跡を残したわけでもないのに、何と有難いことだろう。

それから今年、平成二十年で喜寿になった。欲しいものはもう無いと思っていると、二学年違いの姉が「東京の家にあった飾り羽子板は」と言ってくれた。私の一家は戦時疎開によって東京の昭和初期のよきものを失っている。私は花の時期に東京に行き、紹介されていた伝統工芸押絵羽子板の第一人者西山鴻月さんを訪ねた。歌舞伎を主材とする数々を見て、かつて家にあった「藤娘」に決めた。細面の顔に切れ長の目、すんなり品のある美しさ。黒髪から衣装の絵柄まで名人の手作りである。子供が抱える大きい羽子板は誕生か七五三の祝いで、その他の時は小さい方をとのこと、私は却ってそれがよいと姉と私のを買った。

追羽根つきは、二人ずつ羽根を追って遊ぶ。飾り羽子板は人が集まってめでる。私は家に帰って「こっぽり」と飾り羽子板をガラスケースに入れた。「幼き日の父母いませし幸せ」と、その後の年月、多くの人から頂いた幸せに深い感謝を捧げるばかりである。

二〇〇八年　七六歳（群雀三九）

日記帳を旅立たす

三月は別れの月であり、旅立ちの月でもある。今年の三月、私は「十歳からの日記帳」に別れを告げ、旅立たせることにした。

七十年前の昭和十七年、東京で十歳の私は日記を楽しみながら書いていた。戦時中にかかわらず、年中春風の漂うような家庭、先生が教え浸り生徒が学び浸る学校があった。その後、疎開や戦後の混乱期の日記は、東京で書いていたトーンと変わってきたが、書くことに変わりなかった。

七十五歳の誕生日を前にした時、奥深く大切にしていた東京での日記帳を開けてみた。人生の早春の日々が拡大鏡で見るように甦り、熱いものがこみ上げて来た。そこで日記を活字にしよう、同時に時代背景や用語補説を加えよう、出版社は東京でと思い立った。一冊は、東京の十歳からの日記全文を『紫匂いし・戦時下の少女が綴る』とした。もう一冊は、日本の歴史に残る激動期の十余年を『戦中戦後 少女の日記』とした。二著とも真摯・親愛など昭和のよさが滲み出ている。

その過程で東京の昭和館を知った。「戦中・戦後に係る歴史的資料・情報を収集、保存、展示する国の施設」とのことである。疎開や戦災で日記を書こうにも書けず、書いても残らなかった人がいると思われる。

現存する私の日記帳は、資料価値として意味があるのではないか、一人でいとおしんでいるのでなく、手元から広く旅立たせるべきではないか、ようやく決心して三月、昭和館に日記原本と通信簿、通信箋、賞状などを一括寄贈した。

二〇一一年　七九歳（群雀四二）

通信簿・通信箋

平成二十四年もあと三日、庭の紅葉を掃いていると東京の昭和館から封書が届いた。私は先年、戦中・戦後の生活を伝える昭和館に、戦中東京で十歳から書いていた日記帳数冊と通信簿、賞状などを一括寄贈している。今年の始め「日記帳を常設展示するので、できれば来館を」と案内を受けた。今度は何かと開いてみると「平成二十五年一月に展示資料を大幅に入れ替えリニューアルし、寄贈の『通信箋』を展示するので来館を」とある。

日記帳の展示の時は、小学校の友人と在京の卒業生に「どんな展示か見に行って」と連絡したが、今度またとは言いにくい。

そこで昭和館に寄贈する前にコピーしていた「通信箋」と日記帳を開けてみた。昭和十七年五年生の日記には「通信簿をいただく。前より上がっている。うれしい」とあり、東京から福岡県に疎開した昭和十九年六年生の時には「お通信簿をもらった。秀もあった」と書いている。昭和十七年から「通信箋」になったのに、日記には呼び慣れた通信簿と書いている。

「通信箋」は縦二十二センチ、横十六センチのザラ紙に謄写版で刷った枠の中に成績の印を押しただけである。重々しかった通信簿から戦争の激化に合わせるように「通信箋」に変わっている。それでも子供は元気いっぱい、期待に胸をふくらませて受け取っていた。

後日のこと。私が多用で東京に行けずにいると、前回と同じ友人と在京の卒業生が「展示を見ましたよ」と便りをくれた。

さらに、七月に入って、昭和館から「戦中のくらし ―子どもたちの一日―」という特別企画展の内覧会案内が来た。昭和館が所蔵する昭和十六年から二十年までの日記を中心にして、子どもたちが過ごした戦中のくらしを紹介するのだという。期間は七月二十七日から九月一日までとのこと、夏休みのための企画である。内覧会だけでなく期間中も行けないが、私が手離し難く寄贈した日記が何らかの役に立っていると思うと嬉しくなる。

二〇一三年　八一歳（群雀四四）

遠い日の友

遠い日のことである。幼いころの友の心情が七十年経って分かったのであった。

小学校一年生の私は、佐藤豊子ちゃんと学校から手をつないで家に帰り、それから豊子ちゃんが家に帰っていく。ある日、私はなぜか「帰らないで」と、部屋から玄関、門まで追って引き留めていた。聞きつけた母が「それなら先に豊子ちゃんの家に行ったら」と言った。

私は翌日、すぐ行くつもりでいると、豊子ちゃんは「いいという日に来て」と言った。やっとその日、二人で手を握りながら行くと、道から玄関を入ってすぐ部屋があり、続いて一間、次もあるらしかった。家具その他は何も無く、家人もいなかった。

帰りは私一人で、すぐ道が分からなくなった。「私の家はどこ」「もう帰れない」と不安と恐怖に立ちすくんだ。初めてのことで、泣きたくなったが泣いていられないのだ。ただ歩いていると電車の道が見えて、やっと家に帰り着くことができた。道に迷ったことは、誰にも言わなかった。

その後、「来ていい」と言われたら、道に迷ったことが恐ろしく、どうしようかと心配していた。ところが、豊子ちゃんは「来て」となかなか言わなかった。

学校の座席は、始め出席番号順で、「さ」と「し」は近かった。そのうち背の順になると、豊子ちゃんは一番前で、私は後から二番目であった。このころから背の同じ人と仲よくなった。

昭和十九年の六年生の終わりごろ、戦争が激化し、私の一家は東京から父母の郷里福岡県に疎開することになった。私はクラスの皆と別れたくなく、巻紙風の紙を用意して皆に氏名と住所を書いてもらった。

福岡県に着くと、東京のクラスの皆さんへと手紙を出した。すぐ佐藤豊子ちゃんから返事が来た。「やはり」と、とても嬉しかった。私は道に迷ったことを話し、本当は一緒にいたかっただけと言うべきであった。豊子ちゃんは、「行く」「来て」の仲でなくなるのを気にしていたはずである。それでも手紙には「いつまでも友だち」と書いてあった。

　それから七十年近く経って、あのクラスの友人と会った。「佐藤さんは私の初めての友だった」と言うと、友人は「最前列にいたけれど、大人のようにしっかりしていた。お母様は助産師では」と言った。

　私は急にあのころが鮮明な画像となって浮かび、すべてが胸に落ちた。私は、どの家も母親が子供の帰りを待って「お帰りなさい。○○ちゃん」と言い、すぐでも遊べるものと思っていた。佐藤さんは、お母様の手伝いをしようと早く帰りたかったのである。そして、産室があく日はいつか、そっと小さい胸で数えていたのである。私が迷い子を恐れる以上に、一人黙って心を痛めていたに違いない。

「佐藤さん、ご免なさい」。

　私はせめてもと思い、佐藤さんの住所を現表示で調べ、地図上で確かめることをした。

「佐藤豊子さん、よき友よ」。

　今年、平成二十八年、東京都北区立王子第一小学校は、創立百周年である。よき友、よき学校、改めて行ってみたいと切実に思う。

二〇一七年　八五歳（群雀四七）

三　少年の心　師との出会い

故郷の歌「アニー・ローリー」

人が家路につくころ、「アニー・ローリー」の曲が流れる街、それは素敵な街である。戦後、米軍接収から返還されたデパート玉屋のミュージックサイレンだという。

私は玉屋のすぐ近くの中学校に勤め、生徒に夢中で「朝に星明かり、夕べに月影を踏む」という日々であった。生徒は玉屋の「アニー・ローリー」を聞いていたというが、私は玉屋のネオンがいつ消えるかと居残って仕事していた。

そのうち初めて卒業クラスを受け持った。別れ難い卒業式の後、思いがけず拍手と記念の品を頂いた。黒塗りに金線のオルゴール、曲は「アニー・ローリー」であった。私は感激して、思わず両手で顔を覆って泣いた。

これが後の学年に伝わったらしく、私への卒業クラスの記念は、オルゴールになった。「美しく青きドナウ」「ともしび」「太陽がいっぱい」などで、今も家の書斎に収まっている。

私は東京で製紙の町王子に生まれ育ち、うさぎ追いしの「故郷《ふるさと》」の歌詞とは少し違うが、職業人生の始めに「アニー・ローリー」に出会ったのである。

この三月までNHK放映の「マッサン」で、スコットランド出身の女性のために故郷の民謡が流されていた。「アニー・ローリー」もスコットランドの懐かしの曲である。

私にとって「故郷」の歌は、人としての原点の歌であり、「アニー・ローリー」は人が育ち人生を歩き出す原点の歌である。もう一つの「故郷」の歌である。

二〇一五年　八三歳（群雀四五）

生徒のうしろ姿　肩の辺り

私は中学校の社会科担当で、新採一年目から、いつも学級担任をしていた。学校に行くのは生徒一人一人に会いに行くことであった。ある時、同僚に「生徒の後姿、特に肩の辺りを見ると、何を思い、何を考えているかわかる気がする」と言った。同僚は「それは恋人の感情だ」と言った。私は何かに憑かれたように生徒の一人一人に向き合っていた。ある年、九月一日が日曜日で、私は生徒に逢う日が一日遅れると残念がったことがある。

授業が楽しく受けられる学級、休み時間が楽しい学級、困難も楽しくしてしまう学級であった。私は時を忘れ、日を忘れ、年を重ねた。この学校は人を奮い立たせる不思議な何かがあり、それが重なって火のように燃える年月であった。

一学級は六十人近くで、大分県から一人で出て来て慶應義塾大学からマスコミ、さらに九州国立博物館での役職へ、また、海が好きで東京商船大学（現日本海洋大学）から日本を代表する船舶会社で船長へ、また長崎県の離島から一年生時から一人で出て来て亡父の九州大学医学部へなど、様々である。女子生徒もかなり遠方から来ていた。一方、地元で地域文化や自然保護に尽力する人がいる。男子女子とも意気盛んで、それぞれ自分で志を立てるのが当たり前になっていた。

二〇一三年　八一歳

少年の日

ユニバーシアード福岡大会期間のある夜、「Y・H君が東京から出張して来たので、仲間が集まっています」という電話があった。

HはRKB毎日東京本社報道部長で、集まっているのは、私が北九州市小倉の思永中学校教諭として最初に担任したクラスの人たちである。タクシーで駆けつけると、炉端焼の奥の部屋で膝と膝を突き合わせ、早くも盛り上がっていた。

Hが小倉に来た時だけでなく、三十数年ぶりに顔を合わせた人の時も、会えば彼らはほんの数分で、いきなり「少年の日」に戻る。五十歳の大台に乗って職場や地域のリーダーとしてそれなりに苦労があると思われるのに、全員まさに横一線、同列になって当時のいきいきした雰囲気を作り出す。

当時は昭和三十年代始めで、中学校の教室の踏み板を修理したといっては紅白の紙テープを張ってはさみを入れ、雪で滑ったといっては学級日誌に特記し、いつも善意の喜びを作って楽しんだ生徒たち。一つの「よさ」が、相乗的に「よさ」をふくらませる、そういう世界がそこにあった。

二次会に行くというのを機に、私が席を立とうとすると、紫色の素敵な蘭の鉢を贈ってくれた。Hがかつて思永中学校と小倉高校で野球部エースだったころの勇姿を思い起こし、しばし幸せな思いに浸った。そして「人はいつの時も少しばかり少年の心と老人らしさを持ちながら、今を生きるのが一番好ましい」と言ったキケロのことばを思い出していた。

一九九六年　六四歳（群雀二七）

「高校にだけは行きなさい」

突然、家にかつての中学校の卒業生が来た。妻子、孫を連れ、長崎の海の幸、山の幸と共に賑やかである。

彼は長崎の公立高校の校長を定年退職したという。そして「中学校の時の何を忘れても担任の先生から『高校にだけは行きなさい』と強く勧められたことは、忘れない。これが人生の元になった」と言った。

まだ戦後の経済が落ち着かず、高校進学は難しかった。私はその三年前に彼の兄を受け持っていた。その弟である。私は「高校にだけは行きなさい。三年経てばきっと道が開ける」と強く勧めた。

そして、商業高校、東京オリンピック聖火リレーの伴走者、地元大学へ。そこから長崎の公立高校商業担当教師、長崎国体はじめ体育関係で貢献し、今日があると言う。私はその心映えと努力の過程に感動し、心から祝福を贈った。

二〇一三年　八一歳

三十数年ぶりの手紙

昭和三十年代終わり、一家で父親の母国に帰るという生徒がいた。私は卒業までいないのは惜しいと思い、何か書けたらとペンを贈った。すぐ帰国したと思ったのに、かなり経って不意に訪ねて来た。えくぼのある童顔で髪を伸ばしグレーのズボンである。「向こうの言葉はわからないけれど、父を助けて働きたい。いつ来ようかと思っていたが、なかなか帰国の日が決まらなかった。やっと明日出発と決まったから」と言い、筑豊直方《のおがた》の銘菓「成金饅頭」を出し、「もう会うことは無いと思う。いつまでもお元気で」と言った。

その後三十数年経って、東京杉並区の知らない人から手紙が来た。外国でタクシーに乗ると運転手が「品川先生という人がどうしているか」と言ったという。そこで、手を尽くして調べてようやく私が分かり、その運転手に知らせたという。

間もなく、運転手その人から手紙が来た。丁寧に「品川先生様」と繰り返し、その国の首都で運転手をするまでになったことが書かれてあった。私はすぐさま手紙を書き、地元小倉の銘菓を送った。

二〇一三年　八一歳

少年と「あさあけ」

五月は空青く、風さえ青い。その先日、少年たちによるまことに小さく、まことにすばらしい音楽会があった。北九州少年合唱隊が歌う「日本のあさあけ」を聴く会である。

昭和二十七年四月二十八日、私は新制の大学一期四年次生であった。この日は仮校舎から初めて大学本拠地の本校に入る喜びの日である。国としてサンフランシスコ平和条約発効による主権回復の祝賀の日である。二つの記念の日、私はいつものように日記を書いた。式典の学長訓話の後、「齋藤茂吉作詞、信時《のぶとき》潔作曲の講和祝典歌『日本のあさあけ』」を音楽科の学生の指揮と伴奏で歌った。「日本の門出にふさわしい荘重な歌だ」と書いている。

それから数年後、歌詞を調べたくなり、齋藤茂吉全集三十九巻で見つけた。楽譜は見つからず、CDなども皆無であった。

平成二十五年、音楽指導者の友人に「確かに歌ったのに思い出せないでいる」と言うと「歌いましょう」と言ってくれた。楽譜は東京芸術大学にあるがコピー不可で、全国大学、公共図書館を検索すると、ミッション系の一大学が昭和二十七年に国が全国の諸機関に配布したのを保存していたことが分かった。

少年たちが私一人のために歌ってくれるとは、もったいないと友人を誘うと、思いがけない程、たくさんの人が来てくれた。少年の歌は、歌詞にある「澄みとおる」そのままに天使の声である。初めて聞くような感動で感謝の限り。日本と少年少女の未来は、歌詞に「光こそ」とあるように明るいと期待でき、心から祝福する。

二〇一三年　八一歳（群雀四四）

恩師の遺産

喜寿を迎える四月、小学校の級友と三人で、四、五年生担任の奥山壽榮先生ゆかりの地を訪ねた。先生は私たちの母校、東京区部の二千人もの大規模の同じ学校に昭和十一年から昭和五〇年まで勤続された。東京区部の大規模校で四十年、稀有なことである。

そこで古いアルバムを見せてもらうと、どれも謙虚な写り方で額にできるようなものは無い。お墓のお寺を訪ねると、他にも教え子がお参りに来るとのことである。先生は献体をされ、住まいはその区に寄付され、今は「寿緑地」になっている。

先生は「私たちに何か心の中に座を占めるものがあればよいのですが」と言われていた。私にとって先生からの最大の贈り物は「日記を書くこと」であり、先生を敬慕してやまない思いである。

二〇〇八年　七六歳（はがき随筆）

富士現わる

四月、東京湾をアクアラインで横断し、千葉県岩井海岸に行く。かつての卒業生Fさん夫妻が車を出してくれ、私の小学校ゆかりの地に行ってくれるのだった。

着くと房総一の見事な遠浅の海岸。するとそれまで曇っていたのに急に雲が払われ、真っ青な空になった。若山牧水の「白鳥は哀しからずや空の青海のあをにも染まずただよふ」の青さである。昭和十七年、小学校五年生十歳の私は臨海園でここに来た。泳ぎ、遊び、全身で楽しんだ。あのころ、無垢な幸せがあったのだ。この砂浜と白い波。今、他に人一人いない。全宇宙のひろびろとした中にいるよう。

その時、真っ直ぐ、水平線の先に、白い富士山が浮かび上がった。春、海を隔てた遥か先に霊峰を見る幸せがあった。

二〇〇八年　七六歳（はがき随筆）

再び少年の日

五月の空は少年の空である。五月末、一点の曇りもない青い空の下、中学校卒業以来五十年のかつての少年たちと学級担任だった私と、学校周辺を散策した。

学校は藩校の名にちなむ思永中学校。改築されているが、「この石垣が残っていてよかった。ここまでボールを飛ばすのは大変だった」と元野球部エース。「もっと広いと思ったのに」と元女子中学生。私は新採教師で「教職を存分に生きる」という決意をしていた。

かつての青春の少年たちと、かつての青春の私は、胸の奥まで青くとばかり吹く風を吸い込んだ。

二〇一〇年　七八歳（はがき随筆）

事始めに日記を

思い立った日がスタート。年の始めがスタート。どちらも本当である。特に日記がそうである。日記は残る。私は十歳から書き始め、先ごろ一部を公刊した。何気なく書いたことが拡大鏡のように映し出され、背景が浮かんで、楽しさが増幅された。

親しくしている医師が「また次の本を」と言われる。人体と同じく日記も中身が成長する。「良いことだけを書くのだから、また出せます」と答えた。

「苦しいこと、悲しいことは忘れるに任せることだ。日記に書くな」と詩人が言った。楽しいことを書く日記、もしまだなら、いま、始めましょうよ。

二〇一一年　七九歳（はがき随筆）

あこがれの君

私の旧制女学校では、女性の先生は家事、裁縫、音楽、体育、武道など実技を伴う科目を受け持ち、割り合い年配の方が多かった。

その中で特に若い女の先生がいた。この女学校を卒業して難関校に進学し、母校の教師になっていらっしゃる。受け持つ科目は家政と保健救護で実技ではなく、国語、数学のような濃厚な授業であった。生徒に公平、謙虚で、私とまわりの友人は、源氏物語の「なになにの君」にならって、「あこがれの君」と呼んでいた。私とは年齢が数年しか違わない。「母校の教師になっている素敵な先生」は、私にとってロールモデルであった。

その後、この先生は学校だけでなく市役所等で定年まで働き、その後も嘱託を続け、八十歳を超えて「働くことが好きな人生」であったという。葬儀にあたり、私は五、六十年振りの恩師に弔辞を捧げた。

終戦直後、教科書が無いだけでなく授業そのものが欠けることが多い多難な時期に、この先生に出会ったことは、先の希望が見えることであった。

二〇一三年　八一歳

四　鷗外と久女

今、なぜ鷗外か

今年、一九九九年は森鷗外が小倉の第十二師団軍医部長として赴任して、ちょうど百年になる。一月五日、NHK北九州放送局から「今年に賭ける」シリーズで、森鷗外小倉赴任百周年記念行事について話すようにと言われて、局に出向きビデオ撮りをした。

鷗外が小倉に赴任する時の状況、小倉での様子、百周年記念行事などの他、一番言いたかった「今、なぜ鷗外なのか」を終わりの方で話した。鷗外は軍医最高の軍医総監になっているが、若いころから本務の傍ら余暇を活用して文学活動をし、文豪という評価を得ている。本務以外のことをするのをよしとしなかった時代に二つを両立させ、二つの生を生きた「双頭の獅子」である。今日では職業人が本務以外のもう一つの世界をもってライフワークとするのは、むしろすばらしい生き方と言える。

鷗外は明治の早い時期にドイツに留学し、堪能なドイツ語を駆使して、まばゆいばかりの西欧文化を存分に吸収した。帰国後、圧倒的な西欧文化に流されることなく、伝統的な和漢の文化と洋の文化を大切にし、啓蒙活動と文学活動をした。そこにあるのはほんものとは何か、本質、真実を追究する姿勢であった。今は情報過多の時代である。その中で世界の情報洪水に呑み込まれず、よって立つ文化と調和させながら、人間として真実のものを追究するのは大切なことである。

「鷗外は遠い」という。漱石、芥川に比べて文章が難しい感があるが、扉を開けて中に入れば、意外に親しみやすい。今日的な小説、評論がたくさんある。ドイツですでに女性解放の「ドイツ婦人会」に出席し、「青鞜」の平塚らいてうや歌人としての与謝野晶子を認めている。鷗外の小説の多くに、少女から老年の女性まで、英知をもって生きる姿が描かれている。

せっかく北九州に縁のある鷗外、今日的な意義のある鷗外。小倉赴任百周年を機に、少しでも親しんでくださる方が増えることを念じて、ビデオ撮りを終えた。

一九九九年　六七歳（群雀三〇）

森鷗外旧居で

森鷗外の小説「鶏」に鷗外を思わせる主人公が小倉に着任した日、「雨がどっどと降って」いたと書かれている。東京の森鷗外記念会企画の鷗外文学探訪の三十五人を小倉に迎えたのは、平成七年八月、空が青く光る猛暑の日であった。一行は小倉の森鷗外旧居の次に、津和野に新設された森鷗外記念館を訪ねるという。

森鷗外嫡孫の森眞章《まくす》様ご夫妻は、小倉の旧居でゆっくりしたいとおっしゃる。そこで私は普段だれも上がれない玄関から入って頂き、「天馬行空」の軸、南北に風の渡る間取り、吊り階段や井戸、当時からの夾竹桃などをご案内する。

鷗外がここに住んだ時に書いた「小倉日記」は一時紛失したとされ、松本清張の小説「或る『小倉日記』伝」にもなっている。北九州森鷗外記念会は、「小倉日記」を小倉でぜひ出版したいと、平成六年秋、わが国最初の単行本として注解つきで刊行した。会の理事として編集に携わった者として、ゆかりの方を迎えられたのは大変嬉しいことである。

眞章さんは旧居がまだ個人所有だったところ、市役所で聞いてやっと訪ね当てたこと、小説「鶏」に出て来る隣家のこと、ドイツ語のよさなどを話され、「今度、このようにゆっくり話すことができて大収穫」と喜ばれた。

私は話を聞きながら「北九州森鷗外記念会だより」の編集責任者として、次号によいものが載せられると嬉しくなった。編集者は黒子であり、優れた内容を載せるのが命である。よい夏だったと思っている。

一九九六年　六四歳（群雀二七）

鷗外ゆかりの地として

森鷗外忌は七月九日である。平成二十年は七十八回目、私は東京から三鷹市の禅林寺に直行した。九日は北海道洞爺湖サミットの最終日で東京駅の警戒は厳重でロッカーも使えない。禅林寺では森家当主森憲二様、美奈子様夫妻をはじめ文学関係、医学その他多くの分野の人々が集まり、墓前で読経がある。あとの献花は森家に続いて森鷗外記念会山崎一頴会長、次いで北九州森鷗外記念会会長の私、それから長く並んだ列の人によって白菊が捧げられる。

鷗外の墓は遺言どおり「森林太郎墓」の他は一字も彫られていない。私たちの立つ後ろ、鷗外墓の向かい側は太宰治の墓である。この日は森家の花が際立っている。そのあと別室で文学談議がある。毎年行われる鷗外忌に、北九州の会長が参加したのは初めてで、私は北九州での鷗外研究、顕彰の活動を報告した。

森鷗外は明治三十二（一八九九）年六月十九日に、第十二師団軍医部長として小倉に赴任した。太宰治はその十年後、明治四十二年六月十九日に生まれている。森鷗外を仰ぐ文学関係者は多く、太宰もその一人である。鷗外命日の鷗外忌とは別に、鷗外ゆかりの地北九州市で鷗外小倉離着任の日を記念して文学碑前で献花の集いがある。

鷗外碑は東京、津和野の地、北九州一帯にかなりある。その中で北九州森鷗外記念会は、鷗外小倉着任の六月十九日に紫川河畔の六角柱の文学碑前の集い、鷗外離任の三月二十六日に小倉駅前の鷗外京町住居跡碑の集いをし、白菊とは違う季節の彩りの献花をする。

鷗外は多方面にわたる先覚者で、近づこうとしても容易でなく、むしろ遠のく感じがする。それでも鷗外の透徹した知性、広範で立体的な思考、高みに立つ精神など、貴重なものを少しでも受け取りたいと思う。「北九州」「森鷗外」の名を冠す会は、それにふさわしい知性、品性、誇りがいる。三鷹で鷗外忌に参加して心を新たにし、北九州も鷗外ゆかりの地として、さらに成熟したものにしていかなければならないと考えた。

二〇〇九年　七七歳（群雀四〇）

杉田久女と京都高女

杉田久女《ひさじょ》の名を思いがけないところで見つけることがある。福岡県立京都《みやこ》高校同窓会名簿の旧職員物故者の中である。久女の「童顔の合屋校長紀元節」は、京都高等女学校第三代合屋武城校長のことで、小倉中学校で久女夫の杉田宇内と同僚で、自身も俳句をよくすることから杉田夫妻と親交があった。私は戦時疎開時、京都高等女学校に学んだ。当時、久女を知る先生がいらしたはずなのに、私は久女の存在すら知らなかった。その数年後、新聞社の企画による大学の「先輩・後輩」で、私は合屋元校長と対談する好機がまたあった。それなのに久女のことを尋ねることもしなかった。知らないということは、貴重なものの横をするりと抜けて通ることである。

後に同窓会名簿をもとに、京都高校で久女関係の資料を調べてみた。『京都高校四十年史』に久女がフランス刺繍の講習をして喜ばれたと書いてある。合屋校長は、九州大学小児科教授や県出身の声楽界のホープなどを招いて講演会や鑑賞会を開いている。久女もその一環かも知れないが、よく分からない。

合屋校長喜寿の『喜句集』に、昭和二十一年一月二十一日久女通夜の句として、「燭光のゆれて更けゆく夜寒かな」「枕頭に梅折り挿して拝みけり」「寝棺守り追憶つきぬ夜寒かな」が出ている。夫宇内の他、ただ一人「童顔の」合屋校長が夜寒に久女を見守ったのである。京都高等女学校に縁ある者として、少しばかりほっとする。

二〇〇〇年　六八歳（群雀三一）

久女の手紙から

「杉田久女から竹下しづの女《じょ》に宛てた手紙が発見されたので、読み解いてくれませんか」と電話が入った。今年の三月、雛の祭りの日に開かれる「全国女性俳句大会in北九州」の実行委員をしている関係で頼まれたのである。手紙は二通で、しづの女の三女竹下淑子さんが見つけたという。

久女の毛筆は変体仮名が多く、崩し方も一通りではない。判じ難い文字は心安い文学の先輩に聞いて、一応読むことができた。大正九年四月、久女はしづの女を男性と間違えたことを丁寧に詫びている。本名の「静廼」という字によったのかも知れない。しづの女は返事を出したらしく、七月に久女はまたその返事を出している。久女は何か役立つことがあればと申し出、貴女の俳句の心境著しいのが嬉しく、九州婦人十句集にしづの女、汀女を得ているのを喜ぶと書いている。大正九年は、しづの女が「ホトトギス」に投句を始め、すぐ「短夜や乳ぜり啼く児を須可捨焉乎《すてっちまおか》」が巻頭になった年である。

しづの女の返信が久女側に無いのは残念だが、久女の善意の粘着、情緒に対して、しづの女は割合明快な返事を出したのではないかと思う。華麗と理知と二人の特質に違いはあっても、時を同じくして地元から才気溢れる女性俳人が出たのである。どちらも晩年、苦境にあったが、遺子が母のために著書を遺している。「全国女性俳句大会in北九州」を機に、二人の接点、交点が分かってきたのは嬉しいことである。

二〇〇二年　七〇歳（群雀 三三）

透きとおる

冬季オリンピック前に長野に行き、杉田久女の句碑を訪ねることにした。松本に着いて所在を聞いてタクシーに乗ったが、なかなかわからず、やっと着くとそれは久女の実家深堀家の墓域だった。ああ墓にも来たかったのだと、墓碑を一つ一つ見て行くと奥まったところに久女の墓があった。

杉田久女は小倉に住み、女流俳人の少なかった大正、昭和初期にかけて高浜虚子から「清艶高華」と評される句を作ったが、失意の中に亡くなった。

信濃の日暮れは早い。薄くなった陽と枯れ草の中で、小ぶりの墓がしんと静まり返っている。娘の石昌子さんの頼みで虚子が書いたという「久女の墓」の文字に、しばし見とれた。虚子は「思い出し悼む心や露滋し」と悼句を詠んでいる。久女の句のすばらしさは際立っている。久女に手を合わせた。

翌朝早く城山公園に句碑を訪ねた。昇りかけた陽が木々の間を射して来る。小高い山に丸い自然石があり、「あぢさいに秋冷いたる信濃かな　久女」とあった。紫陽花が青みを帯びて枯れないまま、ここ信濃には秋冷がいたる。さ行音の重なりがきれいである。

久女は女性の生き難い時代に生きたが、橋本多佳子は久女を想って「青蘆原をんなの一生《ひとよ》透きとほる」と詠んでいる。信濃の空気は清澄である。ここに立つと透きとおる青さが久女の句と生涯を映していると、すんなり思えて来るのだった。

一九九八年　六六歳（群雀 二九）

杉田久女自筆色紙

谺《こだま》して山ほととぎすほしいまま

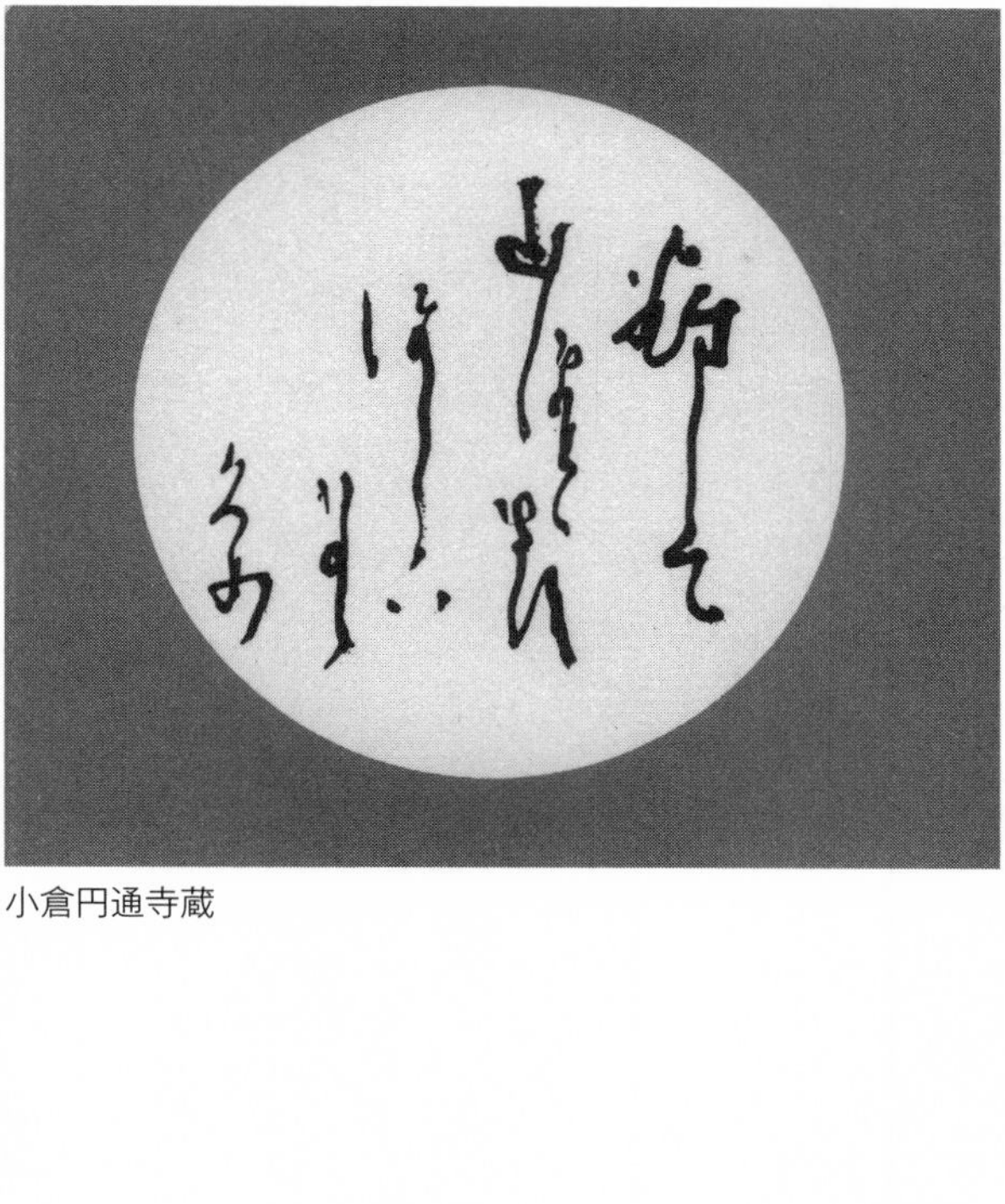

小倉円通寺蔵

五　黄金の釘を打ち　バトンをつなぐ

海青く山青し

三月初め、紀淡海峡は穏やかだった。その続く先の鳴門の海が、一年で一番の大潮を迎えるなど想像もできない静けさだった。

和歌山県加太は、紀淡海峡に突き出た所にある。ここで日本の働く女性を前進させるための会、日本ＢＰＷ（Business and Professional Women）連合会の総会があり、私は北九州クラブ会長として出席した。会には女性初の最高裁判事高橋久子さんが、元連合会長として出席されている。大阪クラブ所属の土井たか子さんは、メッセージを送ってきた。全国から参加した会員たちは、国権の最高機関で活躍する先輩女性お二人に、盛んなエールを送った。

会のあと、歩いて十分程の淡島神社に行ってみた。ここは毎年雛の日に、全国から送られてくる何万体という雛を船で海に流す雛流しの行事があるという。その二日後なのに社殿には新しく送られて来た雛が、天井に届くかと思われる程、積まれている。見れば真新しいのや古代雛のような見事なものもある。ここでも邪を流して幸を招きたいという全国の女性たちの願いを見ることができた。

空は晴れ、神社を覆う山は青く、一面に広がる海もまた青い。和歌山生まれの佐藤春夫は「空青し山青し海青し日はかがやかに南国の五月晴れこそゆたかなれ」と詠んでいる。この日は「日はやわらかに」の弥生晴れである。浜辺に立って、日本の女性の未来もうず潮でなく、「山青し海青し」、そして、柔らかに陽がさし続けることを祈る気持ちでいっぱいであった。

一九九四年　六二歳（群雀二五）

挨　拶

年度が変わると恒例の教職員の歓送迎会がある。そこで私は九州女子大学教授として、次の要旨で挨拶した。

新しい年になると、今年は何々年と名付けられます。今年は国連の「国際ボランティア年」の他に、イタリアが「日本におけるイタリア二〇〇一」としています。そこでイタリアに住んでローマを多く書いている塩野七生さんの本を見ていますと、『ローマ人への二十の質問』の中に、ローマ人の考える市民とは「志を共にする者である」というのがありました。私たちも九州女子大学のため、志を共にする人として、各自の職務に精励したいと思います。

また最近、マスコミが連日のように内閣支持率を取り上げています。支持率は危ういようで、真実を示していると言えると思います。私たちも学生に充実感、達成感、満足感を味あわせ（学長挨拶を受けて）、大学の内外で支持率が高まるようにしたいと思います。

皆と一体になって高く志を掲げて共に力を合わせ、学生、大学の支持率が高まりますよう、力を尽くして参りたいと思います。互いにご指導、ご示唆、ご厚誼をよろしくお願い申し上げます。

挨拶は新鮮な中身で短い程よいが、一方、どうしても型を無視できない面もある。ところで、先の書に、「ローマ人は一日を仕事と余暇に二分するライフスタイルである」とあったが、それは言わないでおくことにした。

二〇〇一年　六九歳（群雀三二）

極上のおくりもの

この三月、長い年月温めていた戦中の東京の日記帳を資料として国の施設、東京の「昭和館」に提供した。

ほっとしたような寂しいような思いの四月に、思いがけないおくりものがあった。北九州市立菊陵中学校長から「今から学校を案内したい」という電話である。私が菊陵中学校長から他校に転じて二十一年、当時の教師だった人が今、校長になっている。もっと早く言ってくれれば花束を用意するのに、せめてもと庭の椿の赤と利久梅の白を束ねて持って行った。

菊陵中学校は校区に市内最大の繁華街がある。一時、超大規模校であったが、時代の流れで今はいかがかと出向くと、校内整然と清潔で花鉢が多く、温かく引き締まった教育が行われていると察せられた。

校長先生の案内で第一に行ったのは、かつて都心校ルネサンスを掲げて読書センター、学習情報センターを作り、読書と調査研究の基地にした所である。

二十年、さすがに少々変わっていたが、司書教諭資格を持つ先生が授業していて、あのころの願いは「生きている」と実感した。「読書は充実した人をつくり、書くことは正確な人をつくる――ベーコン」の額はそのまま、中学生が書架の本を探す姿もそのまま。突き上げて来る懐かしさ、嬉しさ。

二十年も経って、かつての教師が今、校長として生き生きした学校を案内してくれる。極上のおくりものに感激ひとしおである。菊陵中学校の発展と校長先生の平安を心から祈念している。

二〇一一年　七九歳（群雀四二）

『ひらく 校長として女性として』

年月は、連続して流れているのに、古くから人は区切りをつけ、生かしていくことを知っていた。私は今八十余歳、戦後七十年の区切りの年に、手許にある資料をもとに、記録として著書にしようと考えた。

それが『ひらく 校長として女性として』（中央公論事業出版、A5判、四百二十五ページ）で、平成二十七年十二月刊になった。

私は、十歳から日々楽しんで日記を書いていた。教職三十九年間は、生徒との活力ある日を忘れたくなく、資料ファイルを毎年保存していった。定年退職後の大学十余年間は、学生の若さと熱気の中で、資料ファイルが一層増えるのだった。

この間のまとめをしようと、資料の山に分け入ると、熱中した日々が快くよみがえってきた。その一方、やむを得ず省略、要約することが多く、悔しくて心が痛むのだった。

ただ、一貫しているのは、「事実と同時進行」で記した日記と資料によっているということである。追憶、追想でなく、後日の評価や他者との調整なども無縁である。

一説に、庶民の「事実」が積み重なって、「記録」になり、さらに集積されて「歴史」になるという。これはもう見方によって、ロマンである。とすれば、拙著の「事実」の小さな石が、いつか「記録」という石垣になり、「歴史」になるということかと思う。
区切りの年の拙著が、いつか歴史に繋がるかも知れないと、夢見てよいだろうか。

二〇一六年　八四歳　（群雀四六）

女性の校長の創立記念行事

今年、二〇一六（平成二十八）年は、私と縁のあった学校、五校が創立周年記念の年であった。戦後、発足した中学校は、創立して七十年になる。私は、北九州市で教職新規採用から十四年勤続したA中学校、教職しめくくりのB中学校とC中学校、この三校から創立七十周年記念行事の案内をいただき、参加することができた。

ファンファーレで力強く始まる学校、格調高く盛りだくさんの学校、生徒、地域の熱い思いの結集された活力ある学校の三校である。

私は中学校発足七年目、今から六十数年前から、熱中して生徒、学校と併走してきたのであった。創立七十周年を心から祝福し、これに出会えたことに深く感謝する。

同じこの年に、何と母校の小学校、母校の女学校が共に創立百周年になるのであった。戦中の東京都王子第一小学校と戦時疎開の福岡県立京都高等女学校、現在の福岡県立京都高等学校である。

東京の小学校は、記念資料、記念品が女性の校長先生から送られてきた。

高等学校は、旧制高等女学校の女性卒業生を含め、同窓会副会長をしていることから記念行事のすべてに参加した。女性の校長先生の立派な式辞に始まり、行事全般さすがと感服した。女性の校長の時代が来ていると思った。

優れた学校とは、縁のあった卒業生、教職員に、後まで誇りと励ましを贈り続ける学校である。周年記念を喜ぶと共に、新しい周年に向け、女性の校長が増え、これまでの事績の上にさらによき校史を重ねるよう願っている。

二〇一七年　八五歳（群雀四七）

往時を顧みて祝う

流れる年の区切りに、周年行事がある。令和元年、母校の大学は、創立七十周年を迎えた。私は大学一期卒業生八十八歳で、記念誌寄稿、記念式典に参加することができた。

記念誌には、これまで無かった本格的な「大学沿革図」が掲載されている。明治初年からの動きが広角、時系列に網羅されている。事実と時期が立体的に示されているのに、感じ入った。その根拠・資料・参考文献が多く記されている中に、思いがけず私の著書二冊が記されていた。

次は「大学関係者寄稿」である。開けるとまず始めが私で、続いて元学長お二人、次が同窓会長や後援会長など役職者となっている。私は一期卒業生というだけのはず、まず始めとは申し訳ない思いがする。

タイトルは「一期生　往時を顧みて謝し七十周年を祝う」とした。日本が再び立ち上がろうとする昭和二十四年、創立したばかりの大学は、すべてが不備不足であった。しかし、旧制大学を出た若い先生が多く、学生も進んで濃く接し、多くのものを戴くことができた。この温潤な雰囲気の中で、専攻分野について真摯に果敢に取り組む姿勢をつくって下さったのであった。何と濃密な日々であったか、感謝の思いでいっぱいである。

母校の創立七十周年を祝うと共に、創立時からの豊潤で真摯な雰囲気を底流に、さらに何十年と高みをめざして充実進展することを心から祈念している。

二〇二〇年　八八歳（群雀五一）

六　永遠というもうひとつの時間

種をまく

「種をまく」と言えばミレーの絵で、大地に力強く種をまく。「一粒の麦」地に落ちてのように、種は麦というのが一番似合っている。ところが、私のは麦でなく万両の種である。

十数年前、一本の万両を頂いた。冬枯れの庭に、しっかと存在感のある赤い実が気に入って、実が終わるころ、種をまいてみた。それから毎年、まけば生え、ほんの何年かで実をつけ、次々にふえて今や庭は万両屋敷である。秋の初めから赤い実をつけ、木枯しにも凜と耐え、春が終わって他の花と交代するまで庭の彩りになっている。

そのうち「宝船」という大粒の園芸種があるのを知ったが、野生種のような小粒の方がいいと、こちらの方をまき続けている。その間、白実を一本買い、少しずつ増やして赤の間に点々と植えてみた。数年前、紅白の万両を鉢に植えることを思いつき、棚にずらり並べて人が訪ねて来ると持って帰るようにすすめた。同じ人にまたすすめて「家でもふやしている」と言われ、嬉しくなることがある。

この冬、何年かぶりで雪が積もった。松の陰で赤い実が白によく映えた。しかし、不思議なことに今年は春が来ても小鳥がやって来ない。万両は小鳥を呼ぶ木なのに。話によると稲の不作と関わりがあるのだとか。人間は、お米が無いと騒いでいるが、赤い実はたくさんある。小鳥よ、遠慮せずにやって来て種まくことに一役買って。

一九九四年　六二歳（群雀二五）

歓喜の歌

今年の暮れも姉の出演する「第九」を聞きに行く。厚生年金会館ホールのステージで、白と黒ばかりの合唱団員の中で「中央寄りの前の方にいる」と言っていたのを頼りに姉を見つける。戦後間もなくの昭和二十二年、当時女学生だった私は、放課後の音楽室でこれまで聞いたことのない心を浮き立たせるようなピアノを聞いた。何とそれはベートーベンの交響曲第九番の「歓喜の歌」だという。まだ第九を通して聞いたことはなかったが、早速クラス全体で「晴れたる青空輝く雲よ」と歌って明るい未来が開けたような気がした。

姉が第九に出るようになって、書店でふと鈴木淑弘著『〈第九〉と日本人』（春秋社）を見つけた。大正七年のドイツ人捕虜による初演、戦争末期の出陣学徒壮行会の演奏のことから、戦後アマチュア合唱団で市町村でも歌い、やがて日本の暮れの風物詩と呼ばれて定着するまでが書かれている。どの演奏会にもドラマがあるように、出演者それぞれに思い入れ、思い出があるのだろう。

姉も戦中戦後の波乱を超え、教職を退職して今、人生のつじつまが合って歓喜の歌を歌っている。親鸞によると歓は身のよろこび、喜は心のよろこびと言う。姉も心身健やかに何年も歌い続けてほしいと思う。終楽章、荘厳で躍動の歌で盛り上がり、終わって拍手がわき起こり長く続く。今年と来年の橋渡しとして、何と素敵な曲だろう。喜びの調べに、心の芯まで熱くなる思いがした。

一九九五年　六三歳（群雀二六）

そこに存在する

花の時期に姉と二人、〝ふるさと巡り〟をしようと思い立ち、四月初めに東京に行く。七十五歳と四歳の二人である。少女期を過ごした北区王子駅に着き、花の飛鳥山、王子権現、王子稲荷に行く。それから一番の目的、元の家の近くの母校王子第一小学校を訪ねる。

学校は戦前、六学年六学級ずつ二千人を超す大規模校で、校舎は広い運動場をコの字に囲んで威容を誇るものだった。六十年後、校舎が元の位置のまま建て替わっているだけで、広々としていることに変わりない。学校には桜という典型、今花ざかりというのも嬉しい。最近、防犯のため学校への出入りは厳しいと思ったが、訪ねるとすぐ入れてくれ、校長と女性の副校長が出て来て下さった。お二人とも数日前に着任したばかりで、今秋、学校創立九十周年記念行事を行う予定と言われる。校庭では四、五年生らしい児童たちが笑顔で迎えてくれ、若い男の先生が校舎と桜をバックに写真を撮って下さった。

私は小学校四年生から日記を書いている。久しぶりにノートを開けると「もう一人の私」がそこにいて、不思議な思いと懐かしさにかられる。幼くて人を知らず世を知らず、家庭の温かさにくるまれ、学校の教室で笑いがはじけ、学び浸っていた私がそこにいる。私の恩師奥山壽榮先生は非常に優れ、例外的にこの学校に昭和十一年から昭和五十年まで勤務されたが、先年亡くなった。都内二十三区で学校の移転も統廃合も無く、六十年後も「そこに存在する」というのは、思い出のよすがとして何と幸せなことだろう。

二〇〇六年　七四歳（群雀三七）

永遠の森

十月末にしては珍しい風雨の翌朝、何と雲一つ無い青一色、光るような空である。東京半蔵門のお堀近くに泊まっていた私は、予定の全国退職女性校長会に出る前に明治神宮の森を歩こうと思い立った。地下鉄半蔵門駅から神宮前の駅は近い。

私は戦中の東京で九歳から日記を楽しんで書いていた。小学校五年生の遠足で明治神宮に行き、「原宿で下車し、神宮橋を渡って」と書いている。当時の国語教科書巻十の「明治神宮」は文語体で「神宮橋を渡りて」とある。それと同じに歩いたのである。神宮は大正九（一九二〇）年創建し、全国からの樹木を植えたという。私の遠足は昭和十八（一九四三）年で、創建から二十数年後のはずだが、「左右の木々は松が多く、美しい緑をして枝をさしかはしている。こけのむした木もある。（原文）」と書いている。後に知ったのによると、ほぼ同じころ「身は都会の塵域を遠く離れたる心地す」と詩人（高橋新吉）が詠んでいた。

今度の私は、それより六十数年後になる。神宮の初詣は大変な人出というのに、参道を行くのは私の他に二人しかいない。やがて後から三、四の団体が来た。見ればアジアから来たらしい人たちである。私が辺りの写真を撮っていると、中から「撮ってあげましょう」とアクセントの多少違う声がして、境内に立つ私を撮ってくれた。

明治神宮は創建百年、樹も人もさらに年を重ねて大きくなり、真の「天然の森、永遠の森」になると強く信じられる思いがした。

二〇一〇年　七八歳（群雀四一）

日記帳の展示――DVD

今年の始め、私の戦中戦後の日記帳が東京都千代田区の昭和館で常設展示されると知らされた。昭和館は、戦中戦後の生活を後世に伝える資料・情報を収集、保存、展示する国の施設である。私は昭和館に、東京で十歳から書いていた日記帳と、国民学校時の通信簿を一括寄贈している。

その前に、日記を基にした著書『戦中戦後 少女の日記』『紫匂いし・戦時下の少女が綴る』の二冊を出版していた。その日記帳本体は手許に大切にしていたが、昭和館の存在を知って、昨年、思い切って手離したのだった。今度、昭和館から「できれば来館を」という文書と共に、大判の写真二枚が送られて来た。私の日記帳を開いて入れた展示ケースと解説のパネルである。

私は早速、東京にいる同級生と日記のころに同級だった友人に「見に行って」と手紙を出した。卒業生が行くと館内は撮影禁止だったが「先生から」というと許可してくれ、別の卒業生には館の腕章を貸してくれ、学芸員も協力してくれたという。撮った写真がたくさん送られてきた。また、同級の友人からは、見に行って日記のころの友情について長い電話を頂いた。

昭和館の資料のそれぞれの元の持主は、今、所在が分かり健在だろうか。戦後六十数年、さまざまな運命があったはずである。私は戦時疎開で東京を離れたが、教職を続けて何期もの卒業生がいる。小学校時のふるさとに友人がいる。天は私に平安を贈ってくれたのだと感謝する。

二〇一二年　八〇歳（群雀四一）

付　二〇一六（平成二十八）年、東京から昭和館が私の日記についてＤＶＤを作成し、広く紹介したいということであった。東京から機材を携えて北九州の自宅に取材に来た。そこで『戦中戦後昭和を語る　平成二十八年オーラルヒストリー』（品川洋子さんの体験談として、前編「縁故疎開で東京から福岡へ」と、後編「戦後の混乱の中での大学進学」）の二編が作成された。資料提供だけでなく、現在生存し語れる人の記録として、小学生や人々の平和を考える貴重な資料として役立てられるとのことである。

出陣学徒の代表は

ふと新聞の片隅の訃報を見た。何と「学徒出陣で答辞」と小さい見出しである。何なのか驚いて見入った。出陣から七十五年経つ。

昭和十八年、明治神宮外苑で、学徒出陣壮行会が開かれた。私は東京で国民学校五年生だった。父が会社から帰ると、「大変なことだ」と言った。私は学校が大好きで弾むような日々だったので、学業途中で出陣する学生を思いやった。

戦況は厳しさを増し、その後、出陣学徒が戦死し、遺骨の白木の箱が東京大学に届けられたと報道された。何ということか、ペンを折るだけでなく、命まで絶たれたのだと気が沈んだ。

戦後、疎開先の福岡県で戦中の映像を見た。雨中の壮行会で「もとより生還を期せず」と答辞を読んだ学徒代表は、江橋慎四郎という人だとわかった。すぐ私は、四郎なら四男ではないかと気がついた。その親族の方は、どのような思いをされているか、推し量れる年齢になっていて、一層心が痛んだ。

ところが、新聞の記事によると、江橋慎四郎さんは戦後、文部省、東京大学教授を経て、鹿屋体育大学の初代学長を務め、四月八日に九十七歳で死去されたという。

私は初めて知った。長年の思い込みと違って、何とめでたいことか。安堵と共に、さらに喜びのような思いが込み上げてきた。

戦争で無残な人生になった人が多い中で、よいこともあったのである。

二〇一八年　八六歳（群雀四八）

アウレリウスに会う

平成の元号最後の四月、思いがけず若い日の「アウレリウス」に出会った。テレビは、元号と統一地方選挙ばかりで、何となく聞いていると「アウレリウス」というのが聞こえた。若い日の懐かしい名である。急いで番組を見ると、「一〇〇分de名著」のシリーズで、四月はアウレリウスであった。

これまで「百分で名著とは何事か」と、時たま見るだけだった。若い日に確かに知ったアウレリウス、その『自省録』が取り上げられている。いずまいを正す思いで聞き入った。

アウレリウスは、古代ローマの「パクス・ロマーナ」（ローマの平和）と言われた時代、五賢帝最後の皇帝である。非常な多忙と献身の合間を縫って、思索と自省の言葉を書き留めていた。それが後に『自省録』となり、ストア派の哲人と言われるようになった。

私は若い日、その存在だけで、中身、価値は知らなかった。終戦時は十三歳で歴史の授業は中止、再開してもギリシャ・ローマの話ばかりであった。新学制の大学一期生になると、ギリシャ・ローマ哲学で、ようやくプラトンの『国家』などを手にすることができた。アウレリウスとその周辺の本は全く無い。

今度、改めて「名著」に聞き入った。

「人間は互いのために生まれた」

「内を掘れ。ほとばしる善の泉がある」

「『今、ここ』を生きる」

何百分、何時間あっても足りないのだ。改めて会いたいという思いが湧いてきた。

二〇二〇年　八八歳（群雀四九五〇合併）

黒檀の応接台

昭和の始め、東京で私は五歳で、幼稚園に通っていた。そのころ、幼稚園はあこがれだったのに、私は「お遊戯」「お絵かき」が好きでなかった。卒園遠足で日比谷公園に行った少し後、「行きたくない」と言った。すぐ母が台所から出てきて、父は黒檀の応接台に座って私を呼んだ。「幼稚園は行かなくてよい。小学校は勉強するとても楽しい所だ。きっと行くように」としきりに言い聞かせた。

黒檀の応接台は一辺九十センチの正方形で重々しく、正方形は、昭和初期という時代性か、東京という地方性か、後年よく見る長方形とは違う。私は正方形が好きだった。正方形の一辺に父か母が座り、そのあと私たち姉妹が囲むように座る。お客様とのお茶、トランプ、百人一首など、思い出は正方形の応接台と共にある。

私は小学校に入学すると、親の危惧をよそに、学校が大好きで、どの科目も楽しく夢中になった。

その後、戦争が激化した昭和十九年、一家は父母の郷里福岡県に疎開した。家財を貨車一台借りて疎開先へ送ったが、ほとんどは失われた。着いたのは黒檀の応接台、金庫、ミシンなど大型で重量のあるものだけになっていた。

疎開の家、その後に移った小倉の家は狭く、せっかくの応接台は片隅に置かれた。

戦後に私は女性の進学の少なかった新制大学の一期生になり、中学校教師として熱中した。

その後私は、五十歳代になり、東京の家にならった家を建て、応接台を家の中心に据えた。その時、応接台の上に厚さ五ミリほどのガラス板を置いた。ガラス板の下に思い出の裂地や色紙を挟んだ。

校長職で定年退職すると、すぐ母校福岡教育大学講師をし、八十一歳過ぎまで続けた。

父母は比較的早く亡くなったが、黒檀の応接台は私がどう生きて来たか見ていてくれたと思う。

そして九十歳。一家が囲んだ黒檀の応接台は、父母の眠るお寺に納めるのがよいのではと思い立った。秋晴れの日を選んで送り出した。

二〇二二年　九〇歳（群雀休刊後）

付

一　創立記念行事の記念誌に寄せて

学校は創立後、区切りの十年、何十年などの年に、周年記念行事を行います。その時の記念誌は、創立時の理念、今日までの記録が詰まっています。そこに関係者、特に卒業生、教職員、地域の人々などの思いが込められています。濃縮された校史です。

私は小学校から教職定年、さらに大学講師まで八十年、学校と離れる年がありませんでした。記念行事に多く出会い、その度に周年記念誌に祝意を寄稿しています。記録は前進のための味方であり、祝意と共にその学校へ贈るものと考えています。

「福岡教育大学創立七〇周年記念誌」

一期生　往時を顧みて謝し七十周年を祝う

式典　二〇一九年十一月二十四日

大学一期生一九五三年卒業
（中学校教育課程社会科）
品　川　洋　子

福岡教育大学創立七十周年、心から喜びお祝い申し上げます。

大学創立の年に入学した一期生として、七十年という記念の年に出会えたのは何と幸せなことか、これまでご尽力くださいました多くの方々に厚くお礼申し上げます。

一期生卒業は昭和二十八年で、教職とその後の年月まで、力の源泉を戴きました。また、教職定年退職後に母校の講師を十数年務め、母校の発展を見ながらよき年月を戴きました。有り難く感謝の気持ちでいっぱいです。

ここでは大学創立一期生、当時数少なかった女子学生として、今日に繋がる母校との関わり、手許の日記をもとに略記したいと思います。

創立七十一周年、母校の今後ますますの隆盛を祈念申し上げます。

大学創立一期生　施設設備の不備を越え多くの先生と接して

戦後の学制改革で昭和二十四年五月三十一日、国立学校設置法公布により、福岡学芸大学が創立、私は一期生として入学しました。

私は戦時疎開で東京から福岡県に来て、学制改革期に会い、五年制中学校と四年制女学校の関係から十七歳で、受験することができました。大学発足前に大学進学適性検査があり、六月に入学試験、七月に入学式になりました。私は田川分校で、疎開先から通学できず、寮に入りました。寮は風治八幡神社に縁の武徳殿です。

大学は学生にとって初めての男女共学です。六・三・三・四制の四からで、慣れると学生の学力、知性、品性などは、性の違いでなく個性の違いと分かってきました。

田川分校は木造二階建てで施設は不備不足で、研究室は教室半分くらいのがあるだけでした。学生は専攻が定まらないためか自由に出入りしていました。

そのうち寮別館に、後の二代学長藤井種太郎先生が入られました。元宮中顧問官皇子御養育掛長で、倫理学を担当されるとのことでした。藤井先生ご夫妻の室と私の室は、廊下一つ隔てただけでした。先生の室では、若い先生方や学生の読書会、輪読会があり、女子学生は奥様からお茶に招かれることがありました。

若い先生が多く、学生は授業の前後や寮で、また、往復の川土手を遠回りして話すなど、多くの先生と濃く接し、かけがえのないものを戴きました。

三、四年次　本校への進学

分校二年の後、三、四年次は進学試験を受けて、合格者が進学できることになっていました。当時まだ戦後の経済状況が厳しく、また二年修了で教職に就くことができますので、進学希望をしない人がかなりいました。

進学を決める頃、分校の先生方は女子学生に「女子も勉学する時代だ」と熱心に勧められました。私が進学を決めかねていますと、先生は父に会いに行かれ、「進学こそ一番」とのことでした。他の女子学生もそれぞれ勧めを受けていました。

三、四年次本校進学試験の合否は、総得点に各科目の得点内容まで記されていました。三年次からは分校でなく福岡市の本校で、また木造二階建ての仮校舎でした。女子寮は、使われていなかった一軒家で、寮生が家の内外を洗い、ＤＤＴをまき、ようやく住めるようにしました。女子学生は少なく、寮があるだけでよいのでした。

大学四年次　資料不足の中で卒業論文に夢中に

大学四年次の昭和二十七年四月二十八日、初めてこれまでの仮校舎から本校の本校舎に入り、学生が一堂に会しました。この日、国はサンフランシスコ平和条約発効により主権を回復しました。

祝典歌「日本のあさあけ」は齋藤茂吉作詩、信時《のぶとき》潔作曲で、音楽科の学生の指揮によって歌いました。

大学四年次に、急に校長免許状があると知らされ、全科目を受講しました。その後、免許法改正により免許状は無くなりましたが、いつか学校経営に当たるということを考えることができました。また、高等学校の教育実習にも行きました。

四年次の最も大きいことは卒業論文でした。先生方は旧制大学を出られ、「まだ誰もやっていない独創的な一点を深く」と言われます。当時、文献の検索、入手は極度に難しく、私は「県内大学図書館相互貸借規定」の一号になって九州大学、西南学院大学の図書館まで行きました。また、第一回フルブライト留学で帰国したばかりの先生が支援して下さることがありました。卒業論文を書きあげると、金文字のタイトルでハードカバーの製本をして提出しました。その後、「論文の書き方」のような本が出ましたが、私は卒論経験から論文の基本、方法論を学びとったのでした。教職に就くと教育論文だけでなく、教職の全部を通して大きい力になったと思います。

大学一期生卒業　女子卒業生は十五名と極めて少数

卒業は昭和二十八年三月です。一期卒業生は大学の統計によると二三一名です。女子学生の数は記されていませんが、私が在学生として数えると十五名です。

女子卒業生は、三、四年次に進学する時、強い勧めを受けていました。それが無ければ、女子学生は一、二名かゼロであったかも知れません。少数の女子学生は、それぞれの課程の中で当初よりいきいきし、卒業時には進学がどんなに貴重なことか分かり、溌溂としていたように思います。

一期卒業生は、男子との比率で女子は六・五パーセントです。その後、毎年女子学生の数は増え、七十年後は六十パーセントぐらいになっているかと思います。

教諭十七年の後　教頭校長等学校管理職に二十二年間

大学卒業後、北九州市の中学校に二校十七年勤務し、中学生と夢中に過ごしました。教育論文はわりあい自然に書いていました。昭和四十五年、市の教育機関の指導主事になりました。教頭職は指導主事と教頭を合わせて十年間、次に校長職は教育機関所長と校長三校を合わせて十二年間で、学校管理職を計二十二年間続けました。

昭和四、五十年頃、全国的に女性校長就任は黎明期で、特に中学校長は極めて少数でした。私は大学一期生として、女性教師が学校管理職に就くのは自然のことと思い、さらにもっと多くあるべきだと思っていましたので、その職を続けたのでした。

「男女共同参画社会」で、女子学生が教職に就いて、リーダーなど主要な活動をすることを期待したいと思います。人の発達段階の初等中等教育では、特に女性教師のリーダーとしての存在は、女性活躍のロールモデルとして大切なことだと思います。

母校の講師　創立時のよき底流と新しい活力を見る

平成四年、六十歳で中学校長を定年退職すると、すぐ母校の非常勤講師を委嘱されました。母校で後輩の学生に語りかけることができるとは、思いもかけないことでした。背後の城山の緑、見事に広がるキャンパス、大勢の学生たちが新鮮でした。

受け持つのは教職必修の「生徒指導」「道徳教育の研究」です。さらに司書教諭資格の「学校経営と学校図書館」「学校図書館メディアの構成」も加わりました。学生への講師十六年間の後、なお現職教師への講習講師が平成二十五年まで続きました。

講師として教育大学に出向く時、大学西門から同窓会名の城山を仰ぎ、緑濃い楠並木の坂道を学生と同じ歩調で歩きました。教室で先生方や学生と接すると、ふと気づくことがありました。あの創立時、何も無い中で師弟、学生間に漂っていた温かく豊潤な雰囲気、それと共に課題に向かう真摯な姿勢、それが今、ここにあるのでした。何十年の後も、底流として存在しているのは、何と嬉しいことかと思います。

それと共に、年を重ねるごとに大学の内部外観が充実していくのを確かに感じ取っていました。教職大学院設置、数々のセンターの設置とその機能の発揮、中でも学術情報センターは、大学の大切な顔として見事なものと思います。大学の活力が感じられ、大変嬉しいことです。

大学がその底流にある教員養成大学らしいよさと、教員養成機能のレベルの高さとを併せ持ち、ますます充実進展されますよう、心から祈念しております。

「福岡県立京都高等学校創立百周年記念誌」

女学校最後の卒業生として

式典　二〇一六年十月二十九日

福岡県京都高等女学校三十回卒業
（福岡県立京都高等学校同窓会副会長）
品　川　洋　子

校史百年の中で特筆されるのは、学制改革によって高等女学校から高等学校になったことである。私は、その変動期に女学校三十回生として四年間、在校していた。それは日本の歴史に残る激動の時代であった。

入学は、戦争の敗色濃い昭和十九年で、私は東京から疎開して受験した。服装は物資不足のため自由とされた。正規の制服は紺色の襟線のセーラー服でネクタイも紺色であった。

そのうち、三、四年生が学徒動員に出動し、学校は閑散とし、やがて終戦。敗戦というのに不思議なほど明るく、括った髪を短く切って風になびかせ、教室から歌声が聞こえるようになった。

私は往復二十余キロを自転車で通学していたが、故障続きで通えなくなり、寄宿舎に入った。卒業期になると上級舎生の不要になるものを下級舎生と交換することがあった。私は、トルストイの

『復活』を見せられ、すぐ「お米八合で」と言った。だが、嬉しかったのは本を手にした瞬間だけで、すぐ後ろめたい思いに襲われた。家に帰省した時に母が持たせてくれたものである。私は読む気になれず、押入れの奥にしまい込んでしまった。読んだのは食糧事情が好転してからで、このきっかけで、本の持つ素晴らしさに開眼することになった。

昭和二十二年、四年生になると国語で「源氏物語」の古典文法の入り口、「徒然草」「奥の細道」の精読、俳諧史、明治大正文学史などがあった。歴史は日本史、世界史の通史が無く、ギリシャ・ローマの文化史だけだったが、かなり本格的なものであった。また、友人間で本の貸し借りをし、泰西名詩を写して暗誦しては楽しんだ。

昭和二十三年三月、私たちの卒業式は、女学校最後の式になる。式後、「また逢う日まで」のピアノがくり返され、印象深いものになった。

その後、私は新制大学一期生として卒業し、中学校の教職に就いた。そこで女学校の頃が思い出され、それまで以上に、先生方が心を尽くし、力を尽くして下さっていたことが分かってきた。社会が不安定なこの時期、伸び伸びした女学校生活を送らせて頂けたことは有り難いことである。

また同窓会常磐会に関わる毎に、母校は「心のふるさと」という思いを深くしている。

母校創立百年、これまで地域の中で華麗な歴史を重ねて来たことを讃え、今後さらなる進展を期待し記念して、心からお祝い申し上げる。

「みやこ、京都、われらの京都」光あれ。

「北九州市立思永中学校創立七十周年記念誌」

校誌「思永」から創立七十周年を祝う

式典　二〇一六年十一月二十六日

北九州市立思永中学校元教諭
（後に市内中学校校長）
品　川　洋　子

校誌「思永」の創刊号から今日までを見ますと、学校創立以来、生徒、教職員はじめ関係の方々が、学校に熱い思いを寄せ、力を尽くして、見事な校風、伝統を築いて来られたことがよく分かります。この度、思永中学校が創立七十周年を迎えますこと、心から喜び、お祝い申し上げます。

校誌「思永」は、戦後の窮乏の中、再生紙に不鮮明な活字と写真ながら、いち早く創刊し、今日に至るもとになりました。私は初代中村郁三校長の時、思永中学校教師になり、その年から「思永」の編集に携わり、毎号のように原稿執筆、その他のことに関わりました。

今年の春、私は学校創立七十周年を祝う気持から、自分が所持している「思永」創刊号から第二十号までをファイルにまとめ、学校に届けました。

校誌は、生きた校史です。学校の教育、生徒の活動がよく記されています。私が教職に就いた昭

思永中学校校章

小倉市立思永中学校　藩校思永館に因む校名　旧造幣廠跡での仮校舎

校誌「思永」の各号　思永中学校勤務の14年間毎号読書案内を執筆している

和二十八年、学校図書館法が制定され、その設置と利活用研究の推進が求められました。学校は鋭意取り組み、九州地区学校図書館研究大会を開くことになりました。私は進んで学校図書館担当になり、「朝に星明かりを抱き、夕べに月影を踏む」という日々で、図書館を創る楽しみ、利活用させる喜びに浸りました。学校図書館は初期の啓発的役割を果たし、以後も利活用を拡充、深化させ、昭和四十二年、文部大臣賞を受賞しました。これは、その後の学校の特色として定着することになりました。

私は思永中学校から、人を奮い立たせ高みにもっていく不思議な力を戴きました。これを「黄金の鍵」と呼ぶことにし、思永中学校十四年勤務の後、市内中学校他で校長を十年間つとめる時、存分に生かすことができました。感謝と充足の思いでいっぱいです。

思永中学校が今後も思永の精神を大切に、さらに重厚な校史を重ねられますよう、祈念申し上げます。

「北九州市立思永中学校創立七十周年記念誌」

思永中学校の創成

校名改称と「思永」のいわれ

特別寄稿

品川洋子

思永中学校創立七十周年記念に当たり、前記の「校誌『思永』から創立七十周年を祝う」の他、特別に思永中学校の創成期のことを詳細に記した。「思永中学校の創成―意気に燃えていた頃―」と題して、特に校名の「思永」のいわれを記している。

中学校が一斉に創られる時、小倉市立の学校は第一中学校から順にナンバーを付けられた。学校創りがやや落ち着くと、ナンバーでない校名にしようと協議され、昭和二十六年から各校新校名になった。

多くの中学校は、地名を付けることで決まったが、第四中学校は難航した。初代中村郁三校長、ＰＴＡ初代、二代会長らによると、幾つかの案が出たが、地形的な位置から城西と、豊前小倉藩の藩校思永館があった跡から思永館の二案に絞られた。そこで館をはずして思永中学校とすることになった。

従って「四中讃歌」は「思永讃歌」になる。

思永館の跡について、校誌「思永」六号に、次のことが掲載されている。

思永館の跡

むかし、ここに小倉藩士の学校、思永館があった。

一七五八年（宝暦八年）、城西三の丸（すなわちこの地）に、京都から招いた儒者、石川麟洲を学頭として書斎を創設し、思永斎と称した。はじめ、思永斎では、もっぱら文学のみを教授していたが、のちには範囲をひろげて弓馬の稽古場を併設し、思永館と称するようになった。（中略）

思永館は慶応の変（一八六六年）で戦火のため焼失し、一八六八年（明治元年）田川郡香春に仮学館が置かれたが、まもなく廃止され、かわって豊津に育徳館が設けられた。

（小倉郷土会撰）

昭和二十九年三月　小倉市教育委員会

現在、学校に「思永館之跡」の碑が建てられている。

なお、育徳館は、明治十二年に福岡県立豊津中学校になり、県立豊津高校を経て、平成十九年に育徳館高校になっている。

各藩の藩校の多くは、幕末維新により、さまざまな経緯を経て伝統を引き継いでいる。福岡藩の修猷館高校、久留米藩の明善高校、柳川藩の伝習館高校、県外でも福山藩の誠之館高校他、高校が多く中学校は少ない。萩藩の明倫館は、萩中学校からその跡地に明倫小学校が建てられている。

全国の主要な藩校を記したのによると、小倉藩は、思永館・育徳館と併記されたり、育徳館が豊津藩として伝統を受け継ぐとされたりしている。思永館は小倉藩の藩校であり、城内三の丸に所在したことから、現在三の丸に存在する中学校が、ゆかりの校名を掲げ、「思永」の精神を受け継ぐことにしている。

昭和二十八年、思永中学校校歌が新しく作られた。

学校の所在地は、長く小倉市田町旧城内としていたが、現表示は、北九州市小倉北区大門一丁目五番一号である。

「思永」は、藩校の名称であるが、開いた時、由来は明記されていない。幕末の小倉藩士漢学者の西田直養《なおかい》は、書経から取ったと記している。書経のどこからについては、説がある。

まず一説。書経の「太甲《だいこう》上篇」からで、殷《いん》の湯王《とうおう》は善政をしたが、太甲は父王の意に反して悪政が多かった。大臣伊尹《いいん》が諫めて「慎ニ 乃倹徳、惟懐ニ永圖」と言った。意味は「倹徳を積み、後世永遠のことを思いなさい」である。これが「永図を懐《おも》え」で「思永図」である。

次の説。書経の中に皐陶《こうよう》が禹王《うおう》に言った善き言葉として、「厥ノ身修マリテ思ヒ永シ」がある。意味は「身を慎み、思いの永きを修めて」である。育徳館高校『創立二百五十年史』は、この説を記している。

「思」と「永」は、多く使われ、詩経の文王篇に「永言孝思」がある。「永ク言ニ孝ヲ思ヘバナリ」である。

思永中学校は、一説目を採り「思永の精神」としている。

「(前略)「思い永く」即ち、「永遠のことを思え。」眼前の名利にとらわれず、高い視点、広い視野で深く考えよ。(後略)」

「思永」は、武家社会の藩校名としては、珍しく武より文の雰囲気がある。意は高遠な理念である。字画もすっきりしている。「SIEI」とは、シャープな音である。しかし、「思永」は語としてかなり特異で、最も権威ある漢語辞典には語として出ているが、意は記されていない。校名を通してもっと熟した語にしたいものである。

「北九州市立菊陵中学校創立四十周年記念誌」

創立四十周年を迎えて

式典　一九八六年十一月一日

北九州市立菊陵中学校校長
品　川　洋　子

本校が創立されて、四十年という歳月が重ねられました。

校史をひもとくと、学制改革によって、昭和二十二年、小倉市立第二中学校として発足したころ、創建の熱気がごうごうと燃えさかっておりました。校地、校舎も定かでなかったスタートから、現在地を校地と定め、昭和二十六年に菊陵中学校として改称して今日を迎えるまで、その炎は、誇りある校風、輝かしい伝統となって、高々と燃え続けています。

本校は、小倉の中心市街地にある文教の地の利、いち早く学業、文化・体育活動に精励して声価を高めた天の時、さらに熱心な人々の和が加わって、冠たる菊陵中学校を築いてきました。そして四十年、今、改めてその重みをずしりと受けとめています。

これまで本校のために、ご支援、ご尽力くださいましたＰＴＡ・地域の方々、歴代校長・教職員の方々に深く感謝し、心からお礼申し上げます。

創立40周年の人文字　菊陵中学校
現在は市街地のため正門の位置が変わっている

菊陵中学校創立記念で校誌「きくがおか」を復刊

今、本校には秩序と調和があり、そのもとで感動と意欲を大切にする教育を推進しています。日本の中学校史とともに四十年の歴史を刻んだ本校は、昨今の教育提言を大切にしながら、活力ある学校として、二十一世紀を拓く教育を力強くすすめて参ります。

本校創立四十周年に当たり、学校の記念行事に合わせて、ＰＴＡ、母姉会、同窓会、地域の方々がより集い、記念事業をして下さることになりました。心から感謝申し上げますとともに、これを機に、未来の扉を力強くたたいていこうと決意しています。

未来は少年のものです。菊かおる丘の名をもつ本校の生徒が、ここでりんと咲き、かおり高い人として育ちゆくことを、心から祈念しております。

二　著書・主要共著

一　著書

明治図書出版
1992年

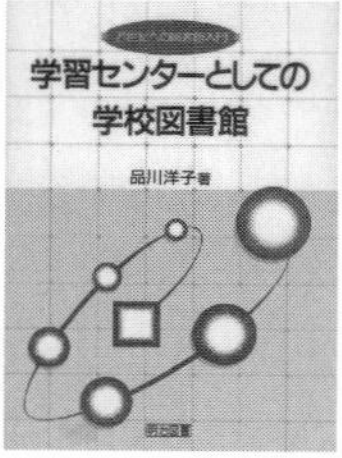

明治図書出版
1992年

中央公論事業出版　2008年

中央公論事業出版　2010年

『銀のペン皿』

中学校長定年退職に当たり、中学校教諭十七年と学校管理職二十二年の充足した思いを、今後の人のために語りかけている。生徒、教師、学校、地域のことなど、その時その事から紡ぎ出されたエッセイ九十編。

『学習センターとしての学校図書館――21世紀への図書館入門』

常に新しく活力ある教育を展開するために、多様な情報資料を有機的に活用する必要がある。それは未来からの要請であるととらえ、理論と実践を示している。大学の司書教諭科目で使用されることがある。

『戦中戦後　少女の日記――家庭や学校に昭和のよさがあった頃』

戦時下の東京で十歳から書いた日記と、戦時疎開後の日記をもとに、小題をつけ補足、補説を記している。戦中戦後、記録の少ない中で、記憶や回想でなく、時代を映す貴重な原資料である。

『紫匂いし・戦時下の少女が綴る――東京で十歳からの日記全文』

前著の日記全文を原文のまま収録している。当時をそのまま伝える貴重な原資料である。その原本は、戦中戦後の労苦を伝える東京九段の「昭和館」に保存されている。

中央公論事業
出版　2015年

中央公論事業
出版　2024年

『ひらく 校長として女性として ―― 学校図書館と関わりながら』

戦後発足した男女共学大学一期女子学生として、中学校教師、校長を続け、これが「はじめて」、それを「ひらく」を重ねてきた。日記、諸資料をもとに事実を記し、今後のあり方を示唆している。

『つなぐ 女性の中学校長から ―― 北九州市で坂道の先へ』

真の男女共同参画社会の実現・浸透に向け、中学校で今、何が必要か。これまで長く女性として中学校校長を続けて「ひらく」を重ねてきたが、さらに大きく次世代へ「つなぐ」ことを念じている。

二　主要共著

「多機能の学習センターによる魅力ある学校づくり」読売新聞社編刊
『読売教育賞全国最優秀賞受賞者論文集』一九九〇年

「女性教師の広がる活動舞台」北九州市女性史編纂実行委員会編
『おんなの軌跡北九州――北九州市女性の一〇〇年史』ドメス出版　二〇〇五年

「鷗外の小倉での日々」北九州森鷗外記念会編刊
『森鷗外と北九州』一九九九年

「詩『沙羅の木』に付けられた三曲」北九州森鷗外記念会編刊
『森鷗外　小倉時代の業績』二〇一二年

著書の必要、その他著書のお問い合わせ等は次の連絡先へ
〒八〇二－〇九八一　北九州市小倉南区企救丘三－五－八　光耀文庫

三　品川洋子略歴

一　出生、居所

一九三一（昭和　六）年　東京で出生（現東京都北区王子）
一九四四（昭和一九）年　福岡県京都郡に移住（戦時疎開による）

二　学歴、資格

㈠　学歴

一九四八（昭和二三）年　福岡県京都高等女学校卒業
一九五三（昭和二八）年　福岡学芸（現教育）大学中学校教育課程社会科卒業
二〇〇一（平成一三）年　九州産業大学大学院　国際文化研究科修士修了

㈡　大学卒業後の資格

一九五五（昭和三〇）年　司書（九州大学にて）
一九五六（昭和三一）年　司書教諭（司書資格により）
一九六八（昭和四三）年　社会教育主事（九州大学にて）
一九六九（昭和四四）年　学芸員（文部省試験認定にて）

三　公立学校教職員歴

㈠　中学校教諭

一九五三（昭和二八）年　福岡県小倉（現北九州）市立思永中学校教諭（教科と学級の指導に熱中）
一九六七（昭和四二）年　北九州市立霧丘中学校教諭（社会教育主事・学芸員の資格取得）

㈡　教頭相当職

一九七〇（昭和四五）年　北九州市立教育研究所指導主事（教育関係資料の組織化と活用の推進）

一九七四（昭和四九）年　北九州市立小倉養護学校教頭（若年教師の研究体制の推進）
一九七七（昭和五二）年　北九州市立足立養護学校教頭（児童生徒の多様化に対応する教育の推進）

㈢　校長相当職
一九八〇（昭和五五）年　北九州市立養護教育センター所長（教育と医療の連携、全市へ啓発活動）
一九八二（昭和五七）年　北九州市立足立養護学校校長（交流教育の推進、全校研究体制の定着）
一九八五（昭和六〇）年　北九州市立菊陵中学校校長（資料活用による探究学習と全校読書の推進）
一九九〇（平成　二）年　北九州市立曽根中学校校長（教職の集大成として著書二冊を公刊）
一九九二（平成　四）年　北九州市公立中学校長退職（教諭十七年、管理職二十二年、計三十九年）

四　退職後大学講師歴他

㈠　大学講師、教授
一九九二（平成　四）年　福岡教育大学講師（十六年間）
一九九二（平成　四）年　九州女子大学非常勤講師 ┐
二〇〇一（平成一三）年　九州女子大学教授 ┘（講師、教授合わせて十三年間）
二〇〇一（平成一三）年　西南学院大学非常勤講師（二年間）

㈡　文部科学省委嘱司書教諭講習の講師
一九九八（平成一〇）年　福岡教育大学、福岡県教育センター、北九州市教育センターにて（断続十六年間）

㈢　社会文化活動の講師
一九九二（平成　四）年　福岡県内及び他県教育機関等（断続三十年間）

五　論文全国賞

一九七二（昭和四七）年　「全国学校図書館協議会　学校図書館賞（著作の部）」受賞
一九九〇（平成　二）年　「読売教育賞平成二年度全国最優秀賞（学校の指導・運営の部）」受賞

終わりに――庭もみじ

庭に一本のもみじがある。春に芽を出すと、一気に湧き出るように青もみじになる。かつて京都で天を覆う青もみじと足元の緑の雲海に感動し、家に一本でも植えたいと思ったのだった。見事に青葉が湧き出るころが一番である。若い日のみずみずしい思いそのものである。それから、色づく前に「真青なる紅葉の端の薄紅葉」（虚子）になり、紅葉になる。そして秋深く葉を落とすと赤い珊瑚の枝になる。枝に雪が積もったのを見て、「書くこと」を思い立ったのだった。

教職を退職して三十年、改めて多くの方々、天地に感謝の思いを深くしております。

この度、ご多用の中、福岡教育大学教授飯田史也先生から貴重な序文をいただきました。まことに有難うございます。また、加留部謹一先生には前著から重ねて懇篤な序文をいただきました。まことに有難うございます。お二方に衷心より厚くお礼申し上げます。

尾田優子先生、中川伸也先生には、大変なお力を戴きましてまことに有り難うございます。深く感動し、心を熱くしております。心から感謝し厚くお礼申し上げます。

書家の橋村雅榮先生には、題字をお書き戴きまして、まことに有り難うございます。前著『ひらく 校長として女性として』に引き続いて貴重な書を戴きました。格別に有難く、心から感謝し厚くお礼申し上げます。

著者略歴
品 川 洋 子（しながわ・ひろこ）

1931（昭和６）年　東京で出生
1953（昭和28）年　福岡学芸（現教育）大学中学校教育課程社会科卒業
　北九州市公立中学校　教諭（17年間）
1970（昭和45）年　北九州市公立中学校等　教頭職・校長職（22年間）
1992（平成４）年　北九州市公立中学校長　定年退職
　福岡教育大学教育学部講師（16年間）
　九州女子大学文学部講師　後教授（13年間）
1998（平成10）年　司書教諭講習講師　福岡教育大学他（断続16年間）
2015（平成27）年　主要著書『ひらく 校長として女性として』
　中央公論事業出版他５冊
1990（平成２）年　主要共著『読売教育賞全国最優秀賞受賞者論文集』
　読売新聞社

連絡先　〒802-0981　北九州市小倉南区企救丘3-5-8　光耀文庫

つなぐ　女性《じょせい》の中学校長《ちゅうがっこうちょう》から
北九州《きたきゅうしゅう》で坂道《さかみち》の先《さき》へ

2024年1月22日　初版発行

著　　者　品　川　洋　子
制作・発売　中央公論事業出版
　〒101-0051　東京都千代田区神田神保町1-10-1
　電話　03-5244-5723
　URL　https://www.chukoji.co.jp/

　印刷・製本／理想社

NDC374.3
ISBN978-4-89514-546-6 C0037

◎定価はカバーに表示してあります。
◎落丁本・乱丁本はお手数ですが小社宛お送り下さい。
　送料小社負担にてお取り替えいたします。